個人的なことは社会的なこと

貴戸理恵
Rie Kido

青土社

はじめに

忙しいときとしんどいとき、多くの「私たち」は社会問題について考えることができない。身支度を調えながら家族の予定をチェックしながら朝食をとり、バタバタと持ち物を準備して子どもを保育園に連れて行ったその足で出勤、一息つく間もなくモードを切り替えてさぁ仕事！というときに、例えば「三菱電機の製品の検査不正では誰に責任があるのか」と問うのはたいへんである。残業を終えて深夜に帰宅、辛うじて電気をつけて鞄を放り出し仕事着のまま倒れ込むように座ったが最後、何だかもう立ち上がれない、風呂に入る気力もない……というときに「世界で頻発する異常気象についてどう思うか」と言われても、文字通り遠い世界の出来事としか思えないだろう。

一方で、時間があればいいというものでもない。以前、不登校やひきこもり、長期無業などの状態を経験したことのある人たちと「しんどくなったときどうするか」という話をしたことがある。学校に行かなかったり仕事を持たなかったりすることは、「ひま」「楽」と捉えられがちだがそうではなく、本人は悩み自己を責めている場合も少なくない。そうしたなかでつらさの波に襲われたとき、時間をやり過ごすために採られていたのは「昔観たＤＶＤや好きなＫ－ＰＯＰの動画を観る」「暗い音楽やその時の気持ちを代弁してくれる歌詞の曲を聴く」「カラオケ動画を撮ってアップし続ける」など、意識を自己や自己が置かれた現実から引きはがしてくれるコンテンツの世界に没入する、という方法が多かった。現実に向き合うにはあまりにしんどい状況を生きているときもまた、「社会問題」を考える余裕を持つのは難しい。

これらはある意味で仕方がないことである。誰にとっても「今日いちにち」を生きのびることは最優先事項であり、それを非難できる人などいない。考えるのは面倒くさいというコストの問題や、考えても何か変わるわけではないという無力感もあり、それだって「私たち」のせいばかりとは言えないだろう。

でも、少し立ち止まってみたい。本当にそれでいいのだろうか。

多くの社会問題が示唆するしばしば殺伐とした、理不尽な、歯がみしたくなる現実は、その社会の成員がきちんと向き合わなければくり返され悪化してしまう。また、個々の「私たち」の側も、自分の生活でいっぱいいっぱいになっているうちに視点が近視眼的になり、自分や自分の身近な人が「勝ち残る」ために誰かを踏みつけてしまうかもしれない。「自分の大変さ」と「あの人の大変さ」は根を探れば地続きであるかもしれないのに、自分の足元しか見えないために「自分とは関係ない」と見えたり、もっと悪ければ「自分はあの人とは違う」と対立してしまうのは、ありがちなことである。

　そうではなく、「私たち」が生きのびるための私的な関心を、「社会」を理解し「よりまし」にするための関心へと、つなげていくことはできないか。殺伐とした競争社会を所与と見なし有利に生きるために「強く」なるのではなく、自分のなかにある「弱さ」に目を凝らし、それを通じて子どもや高齢者、病者、障害者など「弱さ」を抱える存在に連帯しながら、ひとりでは生きることさえままならない人が堂々と自己を主張して生きられるように、社会の方をこそ変えていきたい。そのために、身近な話題から出発してそれを掘り下げることで「社会」との接点を発見するような、他者の問題と見えたものをきちんと考えることで自分にも関わりのある問題だと気づけるような、いわば個人と社会との関係性を回復する足がかりになるような社会問題の考え方を探りたい。

　本書に収録されている時事的な社会問題について論じた原稿は、そうした関心から書かれた。

　足元から社会問題を考えるうえで、まずは「私」という個人をさらしながら、そこから立ち上がる「社会」との接点を見つめるという方法をとった。入籍しないまま夫と共同で子どもを育ててきた私には、婚外子差別や夫婦別姓は大きな問題だった。不登校の経験を持つ立場からは、夏休み明けの自殺の多い季節が近づいてくると何らかのメッセージを伝えないではいられなかった。ロスジェネ世代のひとりとして、非正規雇用や過労死の問題は人ごととは思われなかった。

そうしたやり方にはさまざまな限界もあるだろう。最大のものは「足元」から見える景色はかぎられており、人が共感できる範囲は決して広くない、という限界である。例えば、二〇一〇年代は子どもの自殺が増え続けコロナ禍がそれに拍車をかけたけれども、世界に目を転じてみれば、自殺が子ども・若者の命を失わせる主要因であるのは先進国においてであり、そうでない国や地域では感染症や戦争などの犠牲になることが多い。国内の問題でも、セクシュアリティやエスニシティ、居住地、階層などさまざまな分断によって「見えなくされているもの」はたくさんあるだろう。自分に直接関連する問題からスタートするとき、「そうではない（ように見える）問題」が脇におかれていることを、自覚している必要は常にある。

けれども私は、それでもやはり「足元から社会問題を考える」ことは大事だと言いたい。どんなにスケールの大きい問題について明解に分析しえたとしても、その「考えている自分」には日々の暮らしを整え身近な人と関係を築く日常というものがあるはずで、その二つが接続しないのであれば、大上段に語るが自らを省みることのない「立派なのは言葉だけ」という状態になってしまう。一九六〇年代後半から七〇年代初めにかけて、女性解放運動をリードした第二波フェミニズムの重要な言葉に「個人的なことは政治的なこと」というものがあるが、そのように身近な問題に徹底して焦点を定めることは、「自分には何が見えていないのか」と自明性を問いなおす態度へとひらかれているようにも思う。

また、ひとりの生活者として等身大の世界の中で社会との接点を探るという姿勢は、新聞やネットのニュースを通じて世の中の動きを把握しようとするすべての人が日常的にとっているものであり、それを少しだけ丁寧に、じっくりとやるモデルとなることには意味があると信じている。なぜなら、問題のある社会をよりよい方向へ変えていく力は、そうしたひとりひとりの「普通の」人たちが「少し丁寧に」考えていくことの集積のうえに立ち上がってくるのであり、それこそが「民主主義」というものを根底のところで支える屋台骨に他ならないと思うからだ。

*

本書に収録された原稿の初出は、東京新聞における「時代を読む」という時評の連載である。「教育に関連して子ども・若者、女性といった視点から書いてほしい」、大まかにはそうした依頼であった。連載が行われたのは、東日本大震災の二年後である二〇一三年二月からコロナ禍の渦中にある二〇二一年六月までである。「未曾有の危機」の後流のなかに始まり、新たな「未曾有の危機」の渦中に終わったといえる。政治的には第二次安倍政権の始動からその終焉、菅政権の一年目までに当たる。

時系列に配置された読み切りのコラムである。気になったテーマから読んでいただくのも、通読して時代を感じていただくのもよいと思う。なお、時事問題を扱っており書かれた当時の息遣いを残すため、本文の加筆修正は最小限に止め、補筆する必要があるものは「あとがき」にまとめて記した。

個人的なことは社会的なこと　目次

個人的なことは社会的なこと

若者の生きづらさは財産

内閣府が実施した二〇一二年度「若者の考え方についての調査」（困難を抱える子ども・若者への支援等に関する調査）によれば、一五歳から二九歳までの若者の五三・八％が「社会生活や日常生活を円滑に送ることができていなかった経験」を持つと認識しているという。これには、不登校、高校中退、ひきこもり、ニートといった状態の経験が含まれている。

「生きづらさ」を抱える若者が多い。

「今どきの若者は、打たれ弱い」と見る向きもあるかもしれない。

だが、背景には、安定雇用の切り崩しなどによって、「〇〇していれば、よい人生を送ることができる」という見通しが立ちにくくなった状況がある。学校を卒業しても、仕事があるとは限らない。まじめに働いても、キャリアアップの望みは薄い。余裕をなくした学校や職場は、ときにいじめやハラスメントの温床となる。こうしたライフコースの不透明化は日本だけでなく、先進工業諸国に共通する現象だ。背景を見ずに、若者個人を責める「若者バッシング」は、明らかに的外れだ。

他方で、それを踏まえてなお、日本に暮らす若者の多くが「生きづらさ」を抱えているという現実は残る。これは、マイナスだろうか？　私は必ずしもそうは思わない。「生きづらさ」は、「こうあるべき」という内面化された規範と実際の自分の間に距離があり、自己イメージがうまく結べないときに生じるのであり、社会性の証しでもある。例えば、不登校やひきこもりを経験する人は、しばしば「登校するべき・働くべき」という規範意識をもっており、「そうできていない自分」に苦しむ。その「自分はダメだ」という思いが、ますます本人を「次の一歩を踏み出す」ことから遠ざけている場合も少なくない。

ここでポイントになるのは、「苦しみが生まれるのは、規範意識を持っているからこそ」という点だ。人からどう見られるかを気にして、悩む——。それは「生きづらさ」の源泉である一方で、「この社会」の一員として生きるうえで欠かせないものだ。

同じ問題に向き合う他の先進工業諸国では、様子が異なる。例えばフランスでは、高校生の深刻な出席率低下を受けて、二〇〇九年一〇月に「クラス全体で出席率や成績アップの目標を立て、達成したら、最高で年間一万ユーロの報奨金を支給する」制度が導入された。報奨金は「クラス旅行」「運転免許取得費用」などに使える。背景には、学校からのドロップアウトが暴動などの社会不安につながる、との見方があった。

ここでは、すでに「学校に行かなければならない」との規範意識がないことが前提になっている。このような状態から登校規範や就労規範を持ってもらうのは容易ではないだろう。

そう考えれば、若者の「生きづらさ」は、日本社会の財産だ。「登校や就労に向けて叱咤激励する」必要はない。その重要さを十分にわかっているからこそ、苦しいのだから。これは社会の側が支払うべきコストを個々の若者に転嫁している、とも言える。むしろ、「生きづらさ」が根付いているうちに、学校や仕事を、多くの若者にとって開かれた、意味あるものにしていくことが大切だ。

そうでなければ、やがて若者は失望し、学校に行かず仕事に就かなくても多くの人が痛《つう》痒《よう》を感じない無秩序な社会が訪れるだろう。そうした事態になってから対応する時間的・経済的コストの高さは、現在の若者の学習・雇用環境の比ではない。生きづらさを抱える若者に敬意を払い、早急に対応していくことが求められる。

（二〇一三年二月三日）

教育は万能ではない

「道徳教育の教科化を」。二月二六日、安倍晋三内閣の「教育再生実行会議」は、いじめと体罰への対応をそう提言した。これは的外れに見える。学校の道徳教育でいじめは解決するのか？　内面に関わる道徳をテストで評価してよいのか？

そうした疑問ももちろんある。だがそれ以前に、「教育が、どのような問題に対して・何を・どこまでなし得るか」を、地に足を着けて認識するところから始める必要があるのではないか。

教育は万能ではない。「学校の中で起こっている問題だから、教育が何とかすべき・できる」と考えるのは間違いだ。

例えば、「卒業後の進路が決まらない生徒」がいたとする。教育にできるのは、職業意識を高める取り組みや、就職先またはＯＢ・ＯＧに関する情報提供などだ。教育の結果、生徒の意識が高まり情報量が増えたとしても、雇用そのものが少なければ、進路は依然として決まらない。つまり、「生徒の進路が決まらないこと」は、教育というより雇用、すなわち社会・経済的な構造の問題かもしれないのだ。

いじめと体罰は今回、大津市の中学二年生がいじめを苦に自殺した事件と、大阪市の高校二年生が部活の顧問からの体罰を苦に自殺した事件によって、並べて取り上げられることとなった。だが、それぞれ問題の所在は異なっている。

いじめは、これまでの研究によって、「いじめる側の人権意識の欠如」にも増して、学校のクラスという「構造」の問題であることがわかっている。学校のクラスは固定化されており、逃げ場がない。そのため、通常であれば、被害者が被害を訴えたり、周囲が止めに入ったりすることで解決されてゆくはずの問題が、奇妙にも存続し、不透明化し、エスカレートする。

これに対応するなら、何らかの仕方でクラスの固定性を緩め、風通しをよくしていくしかない。現に、一人一人が異なる授業を選択し、単元ごとに教室を移動する単位制の学校や大学などでは、いじめは少ない。それは「みんなが道徳的だから」ではなく、いじめを成立させる構造的条件がないからだ。

他方で、体罰には、ある種の「価値の伝承」という側面がある。体罰によって「指導」を受けた者がそのやり方を継承し、次世代に対して同じような「指導」を行うのだ。学校の体育や部活、大学などの体育会組織、スポーツ界では今なお、それが当たり前のように行われており、しかも「善いこと」（熱心な指導！）と見なされている。そこでは、体罰は、ある種の「伝統文化」になっている。

この「文化」に含まれるのは、体罰だけではない。体育会組織では、上級生の男子が権力を持ち、下級生と女子を支配する「支配の文化」が優勢だ。例えば、主将はほとんど女性ではなく男子が務めるジェンダー偏向、新入生男子への暴力すれすれの訓練、私生活でも続く「男の先輩の言うことは絶対」という雰囲気などがある。

問題が「構造」にあるなら、その「構造」を前提にしてなされるかぎり、教育は無力だ。道徳教育をすべての子どもに施しても、いじめはなくならないだろう。

一方で、「支配の文化」の問題であれば、教育にできることは相対的に多くなる。スポーツの指導者や上級生が考えを改め、「自分の代で終わりにしよう」と言えば、「支配の文化」は終わる。道徳教育は「支配者」に対してこそ、なされるとよいのではないか。

「もうそういう時代じゃない」――そうくり返すことで、女性は男性を、子どもは親を、「教育」してきたのだから。

（二〇一三年三月一〇日）

就職活動での生存戦略

大学生の就職活動が佳境を迎えている。大学で教師をしている私に、スーツ姿の四年生が疲れた様子で言った。

「就職活動では「自分とは何か」を問われる。でも結局、求められるのはわかりやすい「自分」なんです。私はつい、何でこんなことしてるんだろうってわかりにくいことを考えてしまうからダメです」

元気をなくす学生を見るたび、大学で提供している知の無力さを感じる。「企業から選ばれない自分はダメだ」と学生は落ち込む。だが、就職活動の困難の多くは、学生個人ではなく、社会的要因に関わっている。

例えば、一九九五年から二〇〇五年までの間で、非正社員はおよそ五九〇万人増加し、正社員は約四六〇万人減少した。労働市場では三人に一人が非正社員だ。過酷化する市場競争を乗り切るために、正社員／非正社員の不平等を温存したまま、前者を切り詰め、後者を拡大していった政府の制度・政策や方針の結果である。パイそのものが少なくなるなか、多くが漏れ落ちるようになっているのは、決して個人の責任ではない。

教育や労働に関する知は、こうした社会構造や現実について語っている。学生も伝えられれば、頭では理解する。それでも落とされる経験が続くと「自分に原因がある」と思ってしまう。「社会構造に問題がある」という言葉は、「でもあの人は内定をもらっている」という現実の前に無力だ。

学生たちはなぜ、あえて自分を責めてまで自己責任論に固執するのか。それは、就職活動を生き抜くための生存戦略という側面がある。

就職活動は、いわば商品としての「使える自分」を売り込むセールス競争だ。仮に社会構造に問題があろうとも、内定をもらおうと思えば、たった一人で戦い抜き、狭き門に滑り込まねばならない。その前提を受け入れなければ、競争の土俵に上がることもできない。そこでは、前述の学生のように、「なぜこんなことをするのか」と土俵自体を問う態度は、「わかりにくい＝コミュニケーション能力がない」とはじかれてしまうのだ。

生存戦略を非難することは誰にもできない。だが、「不平等な社会」と「自分がどう生きるか」を切り離すとは、「不平等があることはわかっているが、仕方がない。そのうえで何とか勝ち残れる方法を探すのがよい。そして負ければ自己責任」というものだ。このようなスタンスの蔓延が好ましいとは思えない。

第一に、不平等の少ない社会を設計するための基盤が薄くなってしまう。その兆候はすでに見られる。朝日新聞とベネッセの共同調査によれば、「高所得の家庭の子ほどよい教育を受けられる」という現状を是認する保護者が増えている。格差を「問題だ」と見なす人は二〇〇八年の五三・三%から、一二年では三九・一%となり、初めて少数派になった。「不平等がある」ことも問題だが、それを「問題」と見なせないことはもっと問題かもしれない。不平等が「常識」になれば、状況の改善は見込めない。

第二に、自己責任論は若者を追い詰める。それは、現状に違和感を持ち、より広い社会的文脈について考えることを、「ダメ」であるかのように思わせてしまう。

冒頭の学生の発言に戻ろう。「なぜそんなことをするのか」と現状を問いなおす態度は貴重な知的営為にほかならず、否定するべきではない。「わかりにくい」問いに挑む若者こそ、社会を変える希望なのだから。

（二〇一三年四月一四日）

「リアル選挙」をもっと語ろう

二〇一三年七月の参議院選挙が自民党の圧勝に終わった。新聞などの世論調査を見れば、

「原発」「憲法改正」に反対する人が多数派を占める。にもかかわらず、賛成派の政党が多くの議席を獲得した。衆・参のねじれが解かれるとともに、政権と民意のねじれが深刻さを増した。「圧勝」の背景には、自民党への支持よりも野党への失望、特に民主党への「こらしめ」があるという。

有権者は何を選んだのか。そもそも私たちは、選挙を通じて何かを「選んでいる」だろうか。

投票率の低い若者に、投票を促すアピールがなされている。だが、選挙に行き投票さえすれば、それでいいというわけではない。投票した人たちは、何のために、どのようにして、今回の一票を投じたのだろう。

選挙への関心を高めるために「投票率が低ければ、結局損をするのは若者世代」と利害を強調するのも重要だろう。だが、全体の利益の話は、時に「投票してもしなくても結果は同じ」という現実の前に無力だ。それよりも、投票する大人たちが、個々の「リアル選挙」の物語を率直に語ることが、案外大切であるように思う。

投票する人々には、それぞれの暮らしがあり、それぞれの選挙との関わりがある。日本社会では「政治と信仰の話題はタブー」という認識が根強く、具体的な投票のありようについて語り合うことは少ない。だが「このような思いで投票した」という個人的な物語を、もっとあけっぴろげに語れたらいいと感じる。

特に「立派な主張」でなくてもよい。例えば、あなたにとって初めての選挙とは、どのようなものだったか。

私が初めて投票したのは一九九八年、二十歳の夏に行われた参院選挙だった。投票所案内はがきを握りしめ、母親と近所の小学校に向かった。母親は自分の投票先を私に示し、「あなたは好きに」と告げた。勝手がわからないまま列に並び、ところてんが押し出されるように投票を済ませた。政権党でなく、母と違う党に——それだけの理由で投票先を決めた。子どもであることを確認したような選挙だった。

それでも行った理由の一部に、中学時代の女性の歴史教師の言葉があった。彼女は授業で婦人参政権運動を取り上げ、「先人が苦労して獲得した権利。無駄にしないで」と語った。

あれから一五年がたち、今では私は、乳児と幼児を連れて、夕食の買い物のついでに投票所に立ち寄る。暑い、忙しい、投票したい人がいない、と棄権の理由はたくさんある。それでも選挙に行くのは、正直に言えば、在日朝鮮人である友人と、子どもの存在が大きい。この国に生まれこの国に生き、この国の制度によって不利益を被りながら、政治参加という変革の手段を持たない、大切な人が身近にいる。その現実が動機になる。「責任」（レスポンシビリティ）とは、他者の呼びかけに応える「応答可能性」（レスポンス・アビリティ）のことだ、という哲学者の言葉が頭をよぎる。

卑近ではあるが、これが私の「リアル選挙」だ。このような、どこにでもあるそれぞれの物語に、若者が日常的に触れる環境があればよい。それは彼ら、彼女らの投票に関する敷居を低くし、自分なりの選挙との関わりを模索するきっかけとなるのではないか。

そして「リアル選挙」の語りはまた、投票する人にとっても意味があるのだろう。何を思い、どのように投票するのか？　その率直な語りあいを通じて、個々の選挙との関わりは練り上げられていくからだ。

（二〇一三年七月二八日）

派遣拡大、どう批判するか？

時代の変化に対応するとき「これまでの慣習を保持して変化を拒む」か「切り捨てて変化する」かの二者択一を想定しがちだ。しかし、それでは捉えきれないものがある。

八月二〇日、厚生労働省の研究会が労働者派遣制度の今後に関する提言を出した。派遣制度の見直しは、安倍政権が成長戦略に盛り込んだものだ。これまで、企業が派遣労働者を受け入れる際、「ずっと派遣労働者に任せてもいい仕事」は専門的なスキルなどを要する二六業務に限られており、その他の一般的な業務は最長三年までとされていた。それが提言では、業務の制限をなくし、どんな仕事でもずっと派遣労働者に任せてよいとなる。他方、有期契約の派遣社員として一つの職場で働けるのは最長三年までであり、超える場合は派遣元と無期契約を結ぶものとされた。

労働者の権利を重視する側は、これを批判した。批判の内容は、主に企業側が派遣労働者を使いやすくする点に主眼が置かれており、労働者保護の観点が薄いというものだ。この批判は当然だ。規制を緩和し不安定雇用を活用して経済成長が達成されても、働く人の幸福にはつながらない。だが、規制を持続すれば労働者の権利が守られるかといえば、そうでもないだろう。何のために、何を守り、変えるかを原点から考える必要がある。

例えば、これまで派遣労働者に長期に任せる仕事を二六業務に限定してきたのはなぜか。「長く続く仕事は正社員に任せるべきだ。それに派遣労働者が就けば、正社員が派遣に置き換えられてしまう」という「常用代替」防止の考え方のためだ。これは派遣労働者本人ではなく、派遣先の正社員の雇用を守る発想に基づく。言い換えれば「一家の大黒柱」である正社員の雇用を守ることがメインで、派遣労働者の権利は蚊帳《かや》の外だった。派遣労働の規制を個人単位ではなく業務単位で設けていたのも、これと関わる。

他方、上述の提言では業務単位の制限を撤廃し、個人単位の規制に変更している。そこでは、派遣労働者のキャリア形成や有期雇用に固定されることの回避など、派遣労働者の権利が論じられる素地ができている。もっとも、それらはもっぱら派遣元の取り組みとして「期待」されているのみであり、実効性があるかどうかは別だが。

くり返すが、私は派遣労働の拡大を支持しているのではない。正社員労働の切り崩しや、特定業務で長く働いてきた派遣労働者が職場を追われることは、望ましくない。

ただ、「守って変化を拒む」か「切り捨てて変化する」のかの二者択一ではなく「守るために変化する」という方向性があるはずだと思う。正社員中心の構造を維持し、その枠内での労働者保護を目指すか、あるいは市場競争に向けた規制緩和とともに労働者保護を投げ出すか。そのいずれでもなく、時代に即して働く人の権利や幸福を守るにはどうするかを考える必要がある。

これは派遣労働の話だけでは終わらない。「家族を養える正規雇用」と「自活できない非正規雇用」を分断してきた日本的な仕事の仕組みや前者を切り崩しながら市場化に対応してきた方向性自体を見直すことまでが、射程に入る。雇用者全体に占める割合では、派遣労働者は約二%、非正規雇用者は約三六%だ。正社員でも、過重労働など過酷な環境で働く人は少なくない。雇用形態にかかわらず、皆が尊厳を持って働ける社会を。長期的なゴールを見失いたくない。

（二〇一三年九月一日）

多様な「結婚」認める社会に

二〇一三年九月、非嫡出子の相続分を嫡出子の半分とした民法の箇所が、最高裁判所によって「違憲」と判断された。ついに、である。事実婚カップルや婚外子が増えるなか、多様化する家族に法制度が追いついていないのは明らかであり、このような判断がなされることは、遅すぎたとはいえ、良かったと思う。日本の婚外子差別については、国際的な批判も大きく、国連は、出生による子どもの差別を禁じた「子どもの権利条約」「国際人権規約B規約」などに基づき、やめるようたびたび勧告してきた。「いつまでも子どもを差別している国」という恥ずかしい目立ち方がなくなったことは、ひとまず喜ぶべきだろう。

だが一方で「結婚しているか否かを区別しなくなれば、家族の安定やまとまりがくずれる」という立場からの批判の声が、根強く聞かれた。このような批判は、端的に粗い。「家族のかたちが多様化したから、それにふさわしい法制度が求められている」のであって「法制度が変わらなければ、家族が変わらないでいられる」わけではない。

それだけではない。この根強い批判は「正式な結婚」の強調によって、法律婚から外れた人への差別を「当然」と見なす考えを含んでいる。

だが、「正式な結婚」とはいったい何だろう。「正式」な家族とそうでない家族を、国の法制度が分け隔てることは何を意味するだろう。

私は「結婚」という制度に違和感を持っており、事実婚で家族をつくっている。大学でフェミニズムや社会学を学んだ私の、違和感は主に次の三つだ。

まずは、「結婚」が戸籍制度を前提としていることだ。一九世紀、日本は強い国民国家をつくるため、戸籍を通じて家族を規定し、国民に納税と徴兵の義務を課した。戦中・戦後には、植民地出身者に対し、戸籍を通じて管理しながら差別してきた歴史を持つ。

次いで、異性愛カップルしか認められないことだ。同性愛などの性的マイノリティのカップルは結婚することができず、法制度的な権利を保障されない。

さらに、「妻という正式な女性」と「妻でない女性」を区別して後者をおとしめる女性差別がある。婚外子差別は「妻の子ども」を優遇するが、その根底にあるのは「妻でない女性」に対する差別である。

もちろん、家族のつくり方について、さまざまな考え方や好みがあるのは当然だ。私個人は、今は上のような理由から「結婚」を選びたいとは思わない。だが、当たり前だが、他の人たちに対して「結婚するべきでない」とは言わないし、言い得ない。私自身が今後変化する可能性もある。

現在、法律婚を選ばないことによる不利益はまだ大きい。事実婚カップルは子どもの共同親権を持てない。一部を除いて、配偶者としての制度的権利はない。加えて周囲から「責任を取りたくないのでは?」などと責められる場合もある。これらを考えれば、現在の日本はまだ「事実婚を選べる」状況にあるとはいえない。同じ状況で、そもそも「結婚」の可能性が閉ざされている同性カップルの不利益は、なおさらだろう。

大切なのは、どのような家族のつくり方を選んだとしても、制度的な不利益も、道徳的な非難も受けない社会をつくることだ。

婚外子差別の是正を、現在の結婚制度が排除している他の存在に対する想像力へと、つなげていきたい。

（二〇一三年一〇月六日）

発達障害、周りで受け止める

「発達障害」という言葉を、教育や保育の現場にいる人から耳にする機会が多い。学校や学童保育、フリースクールなどで、大人たちは「この子はどこか他の子と違う」と感じる子どもに出会っている。

例えば、身体や知能の発達に目立った遅れは感じられないが、集団の中で何らかのなじめなさが露呈する子どもがいる。具体的には「やめてね」などの注意が届かない、こだわりが強くふとしたことでパニックになる、その場にそぐわない言葉や動作をいきなり言ったりしたりする、などだ。

小中学校のように集団ベースで発達を促す場では、上記のような子どもは「問題」と見なされやすい。学校の対応は主として「発達障害の子ども」を特定し、「特別なニーズ」を満たせるよう専門家と連携して働きかける、というものだ。そこでは、他の子どもたちへの影響を最小限にしながら、問題を「発達障害の個人」に切り詰めていく。

一方、学童保育やフリースクールなど、学校外の生活や学びの場では異なった対応がなされている場合もある。問題があるとされる子だけでなく、周りの子どもたちにも働きかけ、その子を含めて場がまわるよう、集団をつくり出すのだ。

事例を挙げよう。ある学童保育で放課後を過ごす、小学校二年生のAちゃん。思うままにしゃべり、動き回る。学校では「問題児」と見なされ叱られることが多く、不登校気味になったこともある。ストレスがたまるのか、学童保育でも、ゲームをしている子どもたちに割り込み、他の子が読んでいる本を前触れなく取り上げてしまう。コミュニケーションがうまくいかず、悪気なく挑発的な言葉を発して相手が怒ってしまうなど、トラブルが絶えない。

指導員たちは相談し、「こういうときは、こう言ってみたら?」と本人に示しつつ、周囲には「Aちゃんの言葉に反応しないで、でも無視はしないでね」と伝えるようにした。それを根気よく続けた結果、問題が起こりそうになると、周りの子どもたちが「Aちゃん、もういいからあっちに行こう」などうまくそらしてくれるようになったという。本人が、場にそぐわない発言や行動をとることは変わらない。ただ、摩擦が少なくなりストレスが減ったのか、「ばか」「ずるい」といった否定的な言葉に「いいなぁ」「大好き」などの肯定的な言葉が徐々に交じるようになった。対応が粗いと元に戻る。だが、少しずつ確実に変化している。

この例では、本人の特性はそのままであるにもかかわらず、取り巻く集団の変化によって、その特性が「問題」を生じにくくなっている。コミュニケーションはひとりでするものではなく、「人と人」「人と集団」の「あいだ」に生じるものだ。だから、コミュニケーションを改善するために「問題がある」とされた人ばかりではなく、その人に向き合う「私」や「私たち」の側が変わってもよいのだと、この例は教えてくれる。

「個性化・多様化」の流れのなかで、個人のわずかな違いに意味を見いだす傾向が強まっている。個人の特性をよく知ることは大切だが、より重要なのはその先だろう。それを「個人的なこと」とするか「皆で受け止めよう」と考えるか。多様な特性を持つ個人を「問題」化しない「場」づくりの知恵が求められている。

（二〇一四年一月二六日）

子どもを守れる職場を

インターネットのベビーシッター紹介サイトを通じて二〇代の男性に預けられた二歳の男の子が、心肺停止状態で発見された。母親は事前にベビーシッターの男性と複数回連絡をとっていたが、顔を合わせる機会はなかったという。

「会ったこともない他人に子どもを預けるなんて」と母親を非難する向きもあるだろう。だが、幼い子を持つ働く母親として「彼女は私であったかもしれない」と思わずにいられなかった。

わが子のそばにいたい。やむを得ず預けるときは、できるだけ信用できる場を選びたい。それは誰もの願いだろう。にもかかわらず、「そうもいってはいられない」という事態は、働いていれば確実に起こる。事件の詳細はわからない。だが、私たちの暮らす社会で「女性の働く権利」と「子どもの育つ権利」が両立困難であることを突き付けられる瞬間は多い。

例えば、ある私の知人女性は産休が終わると同時に、首の据わらない赤ちゃんを保育園に預けて仕事を再開した。実家は遠く、夫は単身赴任中。必死に子育てと仕事を両立させていたところ、赤ちゃんがウイルス性の病気に罹患。激務の職場の顰蹙《ひんしゅく》を買いながら小児科に連れていくと、そのまま入院となり、医者に「こんなに小さいうちから人に預けて、命に関わる」と厳しく注意された。生命を危険にさらしてまで働けない。母親が退職を決意するのは、こんなときだ。

どうしてこんなことになっているのだろう。保育サービスは増加し、働く女性は増え、「働く父が一家を支える」という形態が揺らぎ、男性の意識も変わった、はずだった。だが、働く女性の過半数が、第一子出産を機に仕事を辞める現状は変わらない。そう、「女性の権利」と「子どもの権利」が衝突するとき、多くの母親たちはわが子を優先させるのだ。それにより子どもたちの安全と健康が守られている現状がある。

私は決して「女性は仕事より子育てを優先するべきだ」と言いたいのではない。働き続ける自由は保障されるべきだし、働きながら、知識やネットワークを駆使して、子育てをしている人もたくさんいる。そもそも、男性雇用の崩壊によって、女性が働かなければ養っていけないケースも多い。

ただ「子どもを健やかに育てる」ということは、決して簡単なことではないと確認したい。愛情深い親密な大人に、時間と労力をかけて丁寧に日常を見守られ、ケアされていること。それが継続する安心のなかで、初めて子どもの心身は健やかに育つだろう。

そばにいて見守るのは、必ずしも親である必要はなく、保育サービスを利用するのは不可欠だ。

ただし、親にとって都合のいいサービスが、子どもにとってもそうとは限らない。内容をよく吟味し、まず「子どもにとって良いもの」を丁寧に探すことが重要だ。では、親の自由と子どもの権利が不幸にもバッティングするときはどうするのか？　現状を前提にして答を出す前に、まずは、この問いが母親だけに向けられている現状の不当さを直視する必要がある。

そもそも、母親の権利と子どもの権利が同時に成立できない状況はおかしいし、多くの場合キャリアを犠牲にするのが母親であることも、働いていると子どもの安全を守れない職場環境も保育環境も、おかしいのだから。

（二〇一四年四月六日）

「お客さまは神様」でいいのか

日本の「おもてなし」を評価する声は強い。確かに、サービスを消費する立場にとって、約束を確実に守り、連絡を絶やさず、丁寧な日本のサービスは心地よい。だが、質の高いサービスが提供されるとは、それを提供する労働者に負荷が掛かっているということだ。

消費するとき、サービスは便利なほど心地よい。しかしサービスの提供者になるときはどうか。「お客さま」の希望（わがまま？）に細心の注意を払うあまり、振り回されて自分の生活を犠牲にしてはいないか。

私は先月からオーストラリア南部の街で暮らし始めた。人々がのんびりしていて時間がゆっくり流れるこの街では、日本の感覚からすると「あれ？」と思うようなことが起こる。

例えば、「五時まで」の店に四時五〇分に入ったら、もう店員の人が掃除していた。五時に店が終わるのではない、五時に帰るのだ。業者に送ったメールの返事は一週間後にようやく来る。配達を頼めば「何日になるかわからないけど、着く前に電話するよ」という具合。

客商売であっても、多くの場合、働く側の都合が優先される。だからサービスを受ける側も、きちんとやってもらうためには、しっかり主張し、確認しなければならない。客の主張がなかったために起こる行き違いは、働く側の怠惰ではなく、消費する側の責任になる。

最初のうちは「どうしてこんなこともしてくれないの」と腹を立てたり、戸惑っていたりしていた。だが、それは私が「消費する側」に立っているからだった。もし、「働く側」の立場だったら？　自分に都合のよいスケジュールは、客を多少待たせても優先させる。それで特に文句を言われなければ、ずっと待っていてもらえばよい。それは、働く者にとって、やりやすい環境ではないか。

やりやすいだけではない。もっと重要なのは、働く側も「あくまでも客と対応なひとりの人間である」ことを見失わない点だ。日本のサービス産業ではしばしば「お客さまは神様」という言葉が使われる。働く者は「下」の存在として客に仕えるのであって、決して対等にはならない。客でいるときには心地よいが、働くときは大変だ。客の都合で突然の残業が入るのは当たり前、友人と会うのをキャンセルしたり、保育園に子どもを迎えに行くサポートを探したりしなければならない。そうやって働くあいだ私生活を犠牲にすることが「当たり前」になっている。もっといえば、労働者として神経を使いストレスをため込むほどに、逆に客という立場になったとき、きめ細かなサービスに癒され、思い通りにいかなければ文句をつけるようになるのではないか。

どちらがよい、というものではないだろう。高質のサービスに価値があることは確かだ。だが、客は神ではなく、働く者は下僕ではない。両者がともに人間らしい生活を大切にしながら生きられる環境が、第一に重要ではないか。

私たちは、消費者であると同時に働き手でもある。暮らしを優先する働き方が受け入れられるようになれば、仕事の敷居は下がり、子育て中の親や対人関係に問題を抱える若者など、これまで働きづらかった人びとも働きやすくなるだろう。そのために、多少の不便をやり過ごすおおらかさを持つのも悪くない、と思う。

（二〇一四年五月一一日）

日本の「個性」、何か変

「すべての子どもが、同じときに同じことを、同じやり方で学ぶ用意があるわけではない」。オーストラリアのある幼稚園の入園案内に書かれていた。

他方、東京の某「名門幼稚園」の教育方針には、こうある。「同じ内容を同時に皆に教えるのではなく、個々の子どもの興味や意欲に合わせて指導します」

これらは、ほぼ同じ内容に見える。元にあるのは、子どもを一人ひとり異なるニーズを持つ個性的な存在として捉え、集団管理より個別的な関わりを重視する「インディビジュアル・ラーニング（個別学習）」という教育上の立場だ。だが、実際にこれが個々の子どもやその親にとって意味するところはどうだろうか。多文化が前提か否かによって、大きく異なるように思える。

例えば「四歳児の目標」を「ひとりでお箸を使えるようになる」と集団的に設定することに対して、個別主義の観点から、いかなる反論があり得るか。

日本のように単一の文化が前提ならば「発達がゆっくりな子や不器用な子に配慮を」となるだろう。だが、多様性が前提であれば「箸ではなくナイフとフォークで食べる子、手でじかに食べる子もいる」となる。

私は今、オーストラリアで幼児二人と暮らしている。現地の幼稚園の入園申込書に、はっとさせられた。家庭の文化的背景を三世代さかのぼって記入する欄がある。家庭の多様化も前提で「親権者」と「日常的なケアをする大人」をそれぞれ別に書ける。こうした状況下で「子どもの個性を尊重する」とは、例えば「ランチはパンでもいいが、ご飯でもキヌアでもよい」ということなのだった。

この違いは、日本の教育や就職活動で言われる「個性」の奇妙さを照らし出す。それは

「個性」が「個体の中に秘められた何か」と捉えられていることだ。日本の学校や就職活動では「(他の誰とも違う) 私の特技、私の性格、私の将来の夢……」と無限に自分の内側をのぞきこむよう促される。

しかし、普通の人にとって「クラスの誰とも違う、私だけの個性」を見つけるのは至難の業だ。「特に立派な個性などない」「私の存在は無意味なのか」と自信をなくしてしまう人もいるだろう。自分ひとりの力で、自分という個体の内側に「個性」を見出さなければならないのだから、これはしんどい。運よく見つかったとしても、その「個性」は他の誰かと共有することはできず、孤独だ。

だが、文化の多様性が前提にあると「個性」の捉え方は違ってくる。家庭で使う言語、身につける服、好む食べ物、生活習慣は「みんな一緒で当たり前」ではなく、その人の「個性」となる。そこにおける「個性」は、決してその人の内側だけに存在するのではなく、同じ文化を共有する他の人と分かち持つものだ。そこでは「自分の個性を見いだすこと」と「人とのつながりを実感すること」が同じところにある。

もちろん、個体レベルで私たちは違うし、そうしたきめ細かい差異のキャッチが重要な局面は多々あるだろう。だが「個性的であれ」という強迫が子どもや若者を追い込むとすれば、それは違うと思う。「自分らしさ」を認識することが、人とのつながりの中に生きる実感に結びつく。そんな「個性」のあり方を子ども・若者に示していくことが、日本でもできたらいいなと思う。

（二〇一四年六月一五日）

「差別」認識できる社会を

二〇一四年七月、京都市の朝鮮初級学校に対して「在特会」が行ったヘイトスピーチが、一審につづいて違法とされた。大阪高裁はこの団体に対し、約一二〇〇万円の高額賠償と街宣活動の停止を命じ、団体側の控訴を棄却した。

初級学校は、日本でいえば小学校。学んでいる幼い子どもたちに向かって「朝鮮人を処分しろ」「スパイの子ども」などの言葉をぶつけたという。何よりもまず「自分がよい存在としてこの世に受け入れられている」という信頼に包まれているべき子どもたちに向かって、民族的出自を理由に存在を否定する行為は、何重にも許されるものではない。今回の判決が、被害者たちに少しでも「この世界は自分を受け入れる」という肯定的なメッセージをもたらすことを期待したい。

同時に、考えなければならない問題点も見えた。日本社会のこの問題に対する全体的な関心の薄さだ。「一部の変な人たち」が「別の一部の変な人たち」に対して行った極端な行為、とスルーされ、自分に関わる社会の問題として考える道筋が見えにくい。

「在特会」は一部だろう。だがその背後には、匿名で外国人への憎悪をあらわにするネット右翼の層があり、さらに「〇〇人は民度が低いから」などと日常会話でポロリと口にする無数の「普通の人」たちがいる。

日本に住む多くの人は、人種・民族を理由に差別された経験も少なければ、差別したと自覚することも少ない。多文化について学校で学ぶ機会もわずかだ。「処分しろ」が差別であることはわかっても「何で朝鮮に帰らないのかね」という素朴な主張が同じように明白な差別であることは、あまり認識されない。これは「差別が少ない」こととは違う。「差別だと認識する枠組みが少ない」のだ。

こうした傾向は、日本政府の姿勢にも表れている。国連は、人種差別撤廃条約を批准した国に対して「人種差別禁止法」などの法整備を勧めており、オーストラリアやカナダにはこうした法律がある。日本も一九九五年にこの条約を批准した。だが日本政府の見解は「法整備が必要なほど明白な人種差別行為は認識できない」というものだ。ちなみに日本政府は、この条約の中で、差別の流布や扇動を広く法的に禁じる四条（a）については、「表現の自由」に抵触するとの理由で留保している。

「あいつらを差別してやる」という意図的な行為が悪質であることは当然だ。だが「差別はない」という素朴な主張は、現にある暴力を「なかったこと」にする点で、二重に暴力的だといえる。

社会病理学の基礎を築いた一九世紀の社会学者エミール・デュルケームは、犯罪は社会の人々が「犯罪」と見なし罰するから「犯罪」になる、とした。ある社会で「犯罪」とされることが、別の社会では問題と見なされないことがある。「犯罪」が多い社会は病理的だが「それを犯罪と見なせない社会」もまた病んでいる。

ヘイトスピーチを「犯罪」だと見なせる社会をつくりたい。今回の判決は、朝鮮学校という明確な対象があったから違法となったものの、不特定に向かう憎悪表現を規制するには、現行法では不十分だ。これでもまだ「法律が必要なほどの人種差別はない」と、日本政府は言い続けるのだろうか。

(二〇一四年七月二〇日)

これでは女性は輝けない

「女性ゆえの」生きづらさが、なぜこんなに多いのか。あらためてそう思わされる出来事が続いた。

二〇一四年六月、東京都議会で三〇代の女性議員に対し「早く結婚しろ」「少子化について論じるなら自分が産め」という内容のセクハラやじが飛び、しかも抗議した女性議員に対して「素行」を忖度する二次的なセクハラが起きた。七月、有名企業が「家事を手伝う共働きの夫の七割が、妻から家事のダメ出しをされた「家事ハラ」の経験がある」と「家事ハラ」という言葉を誤用する広告を作成し、「共働きでも家事に責任を持つのは女性、手伝う夫に配慮すべきだ」とするメッセージを流した。いずれも一般からの抗議で人々の耳目を集めるに至ったもので、ハラスメントとしては氷山の一角にすぎない。日常には、ニュースにならないもっと苛烈なハラスメントが、無数に存在しているだろう。

安倍政権は、成長戦略の中で「女性が輝く日本へ」として、待機児童の解消や女性の管理職登用の推進、子育て後の再就職支援などを打ち出している。だが、就労すれば「輝く」ことになるのか。「家事育児を女性が担うべきだ」としたまま、就労を促進しても、女性は疲弊するだけだ。そこにあるのは、太陽のように女性が自ら発する輝きではなく、せいぜい中心に据わる「経済成長」に貢献する限りにおいて、おこぼれを受ける惑星の輝きではないか。

子育てと仕事の両立で女性はぼろぼろになり、輝きを失う現実がある。諸データは若い女性の専業主婦願望や、働く女性で出世を望むケースが少ないことを示す。これは、現実に失望した彼女たちの合理的な判断の結果にも見える。

ディズニー映画『アナと雪の女王』（二〇一三年）の日本における大ヒットでは、大人の女性客の多さが特徴だという。この映画の見せ場は、魔法を操る雪の女王・エルサが、自分の力を封じられていたお城を出て一人になり、「ありのまま」の姿で力を発揮するシーンだ。

「もう、やめてやる」。このシーンに感動する、家事育児と仕事を両立させる、あるいはそれを期待される女性たちの心の声が聞こえてきそうだ。子どもの「よい母」であることも、もうやめる。子育てに理解のない上司や同僚の心無い一言を無理やり笑って受け流すことも、保育園のお迎えや病時の保育を手伝ってくれる姑や母に「すみません」と「ありがとう」をくり返すのも、やめてしまうのだ。男性並みの残業と成果の期待に応えながら、美しく外見を整え気配りを絶やさない努力も、捨て去ろう。

すべてのしがらみから自由になって、自分の持つありったけの力を発揮したい。そうできたなら、どんなに凛として爽快なことだろう。「女性が輝く」社会とは本来、こういう存在が批判を受けず、孤立もしない社会ではないのか。

エルサが自分を重ねた女性たちは、映画を見て「ストレス発散」した後、またもとの家庭や職場に戻るのだろうか。それとも、「ありのままの自分」になる計画を、つむぎ始めるのだろうか。

いずれにしても、命を産み育て、介護し看取る人間を尊重する職場や社会にならなければ、就労しても自分の力を発揮できない。そうでなければ働く女性は、輝く星どころか隕石になって、思わぬ一撃を社会に加えるかもしれない。

（二〇一四年八月二四日）

学校の多様化、誰のため？

二〇一四年九月一〇日、安倍晋三首相が、不登校の子どもが集うフリースクールを訪問し、「さまざまな生き方、学び方がある。支援したい」とコメントした。フリースクールは、民間の居場所・学びの場である。今後は教育機関に位置づけ、財政的な支援も検討するという。

時代は変わった。一九九〇年代に入るまで、当時の文部省は不登校を公然と「病・逸脱」扱いしていた。学校以外の場で学び育つという選択肢は存在せず、対応は登校強制が主だった。その後「不登校はどの子どもにも起こり得る」と認識転換され、対応も「見守る」が中心になったが、あくまでも「学校復帰」がゴール。政府がフリースクールを制度的に認める可能性を示したのは、今回が初めてだ。

不登校の子どもや親の利益という点から、これをどう評価し得るか考えてみよう。「ダイバーシティ（多様性）」の導入自体は、グローバル化する時代への適応であり、学校にかぎらず職場や政府でも進められている。問題は「誰のための何のための多様化か」という点だ。

例えば、職場での女性の活用促進という「ダイバーシティ」志向。これは、労働力不足を補い、経済成長に貢献してもらうためか？　それとも、女性が子どもを持っても安心して働きつづけられる職場をつくるためか？

現政権の志向は前者だ。それでは結局、正規雇用の長時間労働と非正規雇用の不利は変わらず、子育てを担う人（多くは女性）が働きにくい環境はそのままだ。

フリースクールはどうか。「多様な教育商品の中からよりよいものを選べる」ためか？　それとも、「子どもたちのありのままの学び・育ちを認める」ためか？

新自由主義的な安倍政権の傾向は、明らかに前者である。この場合、「多様化」は容易に「市場化」へと横滑りする。規制緩和して多様な「商品」を並べ、学力テストの点数などのわかりやすい基準の下に序列化し、「消費者の選好」に任せて淘汰・効率化する……。

そんなことを、不登校支援の現場が望むだろうか？　そうなればこれまで培ってきた「共同性」の側面が切り崩される恐れがある。

現実の不登校の子どもが集う民間の居場所では、いじめ被害、発達障害、クラスになじめないなど、通常の学校では生きづらい存在を受け入れている。そうした子どもや親たちにとって、フリースクールとは「選択の結果」であるよりも、まず「ありのままの自分／この子」を受け入れ、スタッフや仲間と共につくっていく協同の場ではなかっただろうか。出会いや共同性は、この政権が好きな短期的で見えやすい「効率性」とは相いれない。ひとりひとり多様な「ありのまま」を尊重するのは、三年や五年で数値的な成果が出るほど単純な営みでない。二十年後、彼らが大人になったとき「生きづらかった自分を社会は受け入れた」という実感を持てるかどうか。それが鍵となる。

ともあれ、不登校の子どもたちが現に通う場の基礎を守ることは急務だ。高い意識をもちながらも多くが安い給料で働くスタッフの仕事も、正当に評価される必要がある。

フリースクールの制度化を、まずは歓迎したい。その上で、これを「子どもにとって望ましいダイバーシティ」にしていけるよう知恵を集めねばならない。

（二〇一四年九月二八日）

個人情報、「変化する権利」を

昔読んだ「若草物語」の印象深いシーンがある。四人姉妹の末っ子エイミーが、けんかの腹いせに、小説家志望の姉・ジョーが書きためた小説を燃やしてしまうのだ。怒りと悲しみのなかジョーはこんな内容を叫ぶ。「あれは、二度と書けないものだったのだよ！」

紙で書かれたものは、燃やしてしまえば消えてなくなる。だが、今はそうではない。一度インターネットに流通した情報は、完全に消去することが困難だ。そんな現代の復讐は「大切な情報を抹消する」ではなく「ネットにアップして万人にさらす」になっている。

何であれ「気になったらネットで検索」という時代。自分の名前を検索して一番に表示されるのが根も葉もない負の情報や過去の「失敗」、性的な画像などであった場合、被害は社会生活全般に及ぶほど大きいだろう。その上、完全な消去はできず、取り返しがつかない。

この問題に関する関心は、高まっている。今国会では、リベンジポルノ処罰法案が提出される見通しだ。嫌がらせに元交際相手などの性的な画像をネット上に流出させる行為で、被害は増加傾向にある。被害者の大半が女性だ。また先月、東京地裁は名前を検索するとあたかも犯罪者であるような個人情報が表示され、著しい不利益をこうむったとする男性が、検索サイト・グーグルに削除を求めていた訴えを認め、削除した。

事実ではない不利益な情報を勝手に公開することは、決して許されない。そして、仮に事実であっても、人を不当な苦境に陥らせる情報は、制御されるべきだ。欧州では、ネット上の不適切な検索結果をめぐって「忘れられる権利」が注目を集めた。これは重要だろう。人は、社会環境や人間関係の変化のなかでどんどん変わっていく。ある一つの特別な出来事をもって「この人はこういう人間」と半永久的に確定させる状況は、その人の「その後」の社会生活を、本人の意思に反して縛りつけてしまうため望ましくない。

ただ、そうした延長で考えれば「忘れられる権利」を超えて、ある一時点で本人が公開に何らかの「同意」を表明した場合でも、後に「やっぱりやめたい」と思ったときに翻せる「変化する権利」を認めることも射程に入れたい。

例えば、過去に公開を同意の上で掲載された風俗サイトや出演したアダルトビデオ（AV）。これらは「もともと公開目的だった」ことでリベンジポルノ処罰法案でも対象から外されている。だが、一度被写体となった人が、何らかの事情で「もう過去の画像を公開されたくない」と思うようになる場合もあるだろう。

性産業で働いた経験があっても「(元) 性産業従事者」というレッテルを引き受け続け

るかどうかについては、その都度選びなおせる状況があったほうがよい。完全な消去は困難だろう。だが、個人の顔が出ているものは、ネット上の流通に「五年のみ」など、上限を設けたり、流通させ続ける意思を出演者に毎年確認するなど、対応の可能性はあるはずだ。

過去の事実が消えることはなくとも「ある人が何者であるか」は年月やその人を取り巻く関係などによって変化する。過去を引き受けながら、過去に追いかけられることなく変化していく自由を、サポートできる社会でありたい。

（二〇一四年一一月二日）

内定取り消しは女性差別

日本テレビにアナウンサーとして内定していた女性がホステスの経験により「求められる清廉性にふさわしくない」と内定を無効にされた。女性は入社する権利を求めて裁判を起こしている。

会社には、内定取り消しを、ぜひ撤回してもらいたい。理由のひとつは、一般的に、少なくない女子大学生にとってホステスが身近なアルバイトになっている現実があるからだ。学費が高額で奨学金などの受給が少ない日本では、親の仕送りを当てにせざるを得ず、その親の教育支出は、大学進学率に男女で一〇％近い差があるように、男子に重点的に充てられる。家計が冷え込むなか、女性が学業に全うしたければ、時給に恵まれ時間的に「本業」とかぶらないアルバイトを探すのは当然だ。同じ条件下で、男子学生なら「夜間を含む警備」「引っ越しスタッフ」などになるだろう。働く側にとってホステスとは、単に「学校のないときにできて、時給が高い仕事」の一つにすぎない。

アナウンサーのほかにも、教師や金融関係など「清廉性」の要求水準が高い職は存在する。ホステス経験を理由に内定が覆るとなれば、こうした職業から「苦学生」を締め出すことにつながる。

それに加え「アナウンサー／ホステスの清廉性」についてあれこれ言うのは、職業差別である。この社会の女性差別は、とりわけ女性が就きやすい職業において「清廉な仕事」と「ふしだらな仕事」を分ける。そして、前者に従事する「まっとうな」女性と、後者を生業とする「堕落した」女性を分ける。さらに、この二つのカテゴリーが決して混じり合わないように管理する。つまり「貞淑な母・妻・娘は、ふしだらであってはならない」のであり、そこから「アナウンサーはホステスであってはならない」という主張が出てくる。

こうした女性の分断は、さかのぼれば「浮気は男のかい性だが、女は貞節であるべきを求めながら浮気をするためには「家庭用」の女性と「外のプロ」の女性を分ける必要があったというわけだ。戦前には、「姦通《かんつう》罪」なるものがあって、結婚した男性の場合はおとがめなしで、女性の場合のみが罪に問われた。

今回の出来事は、この差別的な「性の二重基準」が二一世紀の現代にまかり通っていることを示した。女性はホステス経験を理由に「清廉ではない」と内定を取り消されるが、キャバクラや風俗店に行った経験を理由に、男性が「清廉ではない」と内定を奪われることはない。

覚えておきたいのは、この分断線は現実に即したものではなく、二種類の女性をつくり出すために観念的に引かれる、という点だ。ひとたび「禁断の線」が引かれると「越境」は「魅力」になる。「アナウンサーがホステスとはとんでもない！」と眼をつり上げる社会ほど「あの清純な娘が夜の仕事を……」という想定に「萌える」社会でもあるのだ。

だが、当たり前だが、現実の女性は清廉なこともあれば、清廉でないこともある。「元ホステスのアナウンサー」の誕生は、その当たり前の現実を認め受け止め得る、開かれた社会への一歩になる。

（二〇一四年一一月七日）

＊この裁判は二〇一五年一月に和解が成立し、女性はその後アナウンサーになった。

対人関係の再考

仕事をめぐって「人と感じよく接する力」が求められている。就職活動では資格や個性より「コミュニケーション能力」が要求される。入社後も、上司や顧客から「感じの良い人だ」と思われるかは人事評価に作用する。非正規社員は、短期で代わる職場に早くなじむ必要があり、対人能力が求められる。

こうした状況は、対人関係にしんどさを抱える人にとっては、生きづらい。例えば、不登校やひきこもりなどの経験を持ち社会とのつながりにくさを覚える人、いじめや不適切な養育の被害者で他者への不信が根強い人。アルコール依存や摂食障害などを抱える人……。

これらの人びとは「ナチュラルで感じよく」が得意ではない。がんばれば「感じよく」できるが、疲れて長続きしないし、取り繕っている感じがばれて評価されなかったりする。だからといって「ナチュラル」でいると、「変な人」と見なされやはり評価されない。低い評価は本人を傷つけ、その結果ますます対人関係に及び腰になる「悪循環」にはまってしまう。マニュアルも叱咤激励も、この悪循環を強化するだけだ。

そんな経験を抱える人びとが集まって、四年前、関西で「生きづらさからの当事者研究会」を始めた。私はそこでコーディネーターをしている。

テーマはさまざまで「承認されるとは?」「評価のまなざしの再検討」など。自分が抱える生きづらさを場に集う仲間と共有し、「研究テーマ」として少し突き放して見ながら、生きる方法を考える。

「対人関係を磨く」ことを目指すのではなく、また「このままの状態でいい」と開き直るのでもない。自分が何にしんどくなっているのか、どうすればましになるのかを自分や他の参加者の経験から具体的に探っていくのだ。

事はいうほど簡単ではない。他者や社会に対する不信が根深ければ、自分の経験を開示するハードルは高くなる。逆に、自己をさらして「人と共有できた!」と思ったあとで思わぬしんどさに見舞われたりする。「それをやったら正社員になれるのか」と言われれば、答えはノーだ。

それでも私はこの営みに、重要な二つの点があると思っている。ひとつは、当事者が「私には自分の問題にみずから取り組む力がある。それを助けてくれる人がちゃんといる」と思えること。もうひとつは、「ナチュラルで感じよく」以外のコミュニケーションを具体的な場を通じて実感できることだ。

一見、人間関係や社会からの撤退と映る行為でも、時に「人や社会とつながりたい」という希望のねじれた表現である場合がある。しんどさを抱える人は「対人能力のない人」「コミュニケーションが嫌いな人」ではなく、つながりたいと望みながら「こんなコミュニケーションは嫌だ」と思っている人かもしれない。

人と感じよく接する力がなくても、豊かなコミュニケーションは達成できる。そう実感できる場の存在は、この社会における「コミュニケーション」という言葉に深みを与え得るのではないか。「悪循環」を断ち切るには、そこから始める必要がある。

（二〇一五年一月一八日）

学びの場に多様性を

南オーストラリア州のいくつかの小学校を見学する機会があった。日本の学校との違いをあらためて感じるとともに、政府が検討する「フリースクールの制度化」について考えるヒントを得た。

日本の学校との違いは、まず制度としての選択肢が多様なことである。地元の公立学校に加えて、例えば、少人数制・コミュニティ重視のキリスト教系の学校がある。自然豊かな森の中に手作り遊具が並ぶシュタイナー学校がある。アボリジニのルーツを持つ子どものサポートをする学校がある。

ほかにも、柔軟な学びのプログラムが制度化されており、インターネットを利用して遠隔地から授業を受けられる「eラーニング」や、家庭を拠点に学ぶ「ホームエデュケーション」を選んでもよい。経済的困難や発達の問題など「特別なニーズを持つ子ども」には、専門的な支援もある。

さらに、公立学校も多様である。私が見た学校では、権威主義を廃した民主的な空間づくりを志向する「オープン・ラーニング・スペース」という教育実践が取り入れられていた。教室に「黒板と教卓」がない。「自分の机と椅子」もない。グループワーク用の丸テーブルと椅子がランダムに配置され、子どもたちの絵や工作が色とりどりに飾られている。隣のクラスとはついたてで仕切られているだけ。整然とした画一性はないが、透明性が高く開放的だ。特に「先進的」というわけではない。ごく一般的な公立学校である。

一見どちらが前かわからない教室に、既視感を覚えた。日本で「学校外の子どもの居場所」、フリースクールなどと呼ばれる場に似ている。主として不登校の子どもたちに、社会のなかで学び育つ機会を提供する重要な場だ。こうした場では、個々の「やりたいこと」を尊重するため、複数の活動が並行できるオープンな配慮になっていることが多い。

見守る大人は教師のように権威的ではなく、規則も柔軟である。

似て見えた二つの教育実践。オーストラリアでは、れっきとした「公立小学校」だが、日本のフリースクールは、民間で営まれる制度外の場である、開設場所、スタッフの給料といった運営基盤が保障されないため、多くが財政難を抱えている。そしてそこに通う子どもは、出席扱いにされるケースもあるにせよ、基本的に「学校に行っていない」と見なされる。

子どもには、さまざまな教育への需要がある。そのときのその子にとって良い学びの場が、従来の学校か、フリースクールか、家庭かは自明ではない。いずれの学びを選んでもサポートされ、「順調に学び育っている」ことを社会的に承認される仕組みがほしい。

政府はフリースクールの制度化を検討中だ。遅きに失した感はあり、現場の課題は多かろうが、制度がないよりはいい。日本のフリースクールは、通常の学校からは漏れ落とされがちな子どもたち――不登校やいじめ被害、発達障害などを抱える存在をありのまま受け止め、仲間や親・スタッフと、学び育ちの共同体をつくってきた。

大切なのは、これまで手弁当で営まれてきた現場の実践を、損なうことなく的確に評価することだ。本来、フリースクールに通っている子どもや、家で学んでいる子どもが、「不登校」と呼ばれるいわれはないはずだ。

（二〇一五年二月二二日）

「次世代に伝える」困難さ

なぜ戦争は起こるのだろう？　豊かとは、平和とは、何だろう？　そんな問いを刻んでくれた作家松谷みよ子さんが亡くなった。

松谷さんといえば「いないいないばあ」など赤ちゃん向けの絵本や「モモちゃん」シリーズが有名だ。子どもを理解し、かつ「子どもだから」とごまかさず現実を伝える作品は、大人になって読んでみても味わい深い。

なかでも私には、原爆や水俣病、ナチス、七三一部隊などを扱った「直樹とゆう子」のシリーズが印象的だ。触れたのは小学生のころだった。世の中には圧倒的な理不尽がある、しかも「完全な悪」や「完全な正義」はない。「反戦平和」「公害反対」と言いたいが、自分の中にある加害性や便利に支えられた日常をどう考えるか。そんな問いが読後に湧き上がった。

だが、あらためて思う。こんなふうに次世代にメッセージを届けることが、今どれほど可能だろうか？

もちろん伝えるべき問題は多い。冒頭の問題は過去のものではない。原発や米軍基地など二〇世紀から引き継がれた問題もあれば、少子高齢化や格差・貧困など二一世紀になってあらためて顕在化した問題もある。

そして伝えなければならない必然性も増している。一八歳から選挙で投票できるよう公職選挙法が改正される見通しだ。若い世代に、社会問題と出合い、答えのない問いを考える土台を提供することは、ますます重要になっている。私たちは、格差と貧困を、民主主義の行き詰まりを、まん延する憎悪を、共同体の崩壊を、若い世代に伝えていく必要がある。

一方、その重要さとは裏腹に、伝えることはますます難しくなっているように思う。ある高校の先生の言葉を思い出す。「差別であれば「いけない」と言えるからいい。でも授業で、例えば憲法を扱うのは難しい。生徒に自分の考えを押し付けてしまう危険性があるから」。なるほど、と感じた。

社会問題にはさまざまな面があり、人は「客観的に」語ることはできない。「個人的に」語るしかない。だが「個人的に」語ったとたんに「あなたにとってそうなだけでしょ」と正当性を疑われたり、逆に、個人の意見にすぎないのに「正しい意見」と見なされ抑圧性を帯びてしまったりする。これでは「伝える」のは困難だ。

おそらく、かつては「客観的」と「個人的」の間に、ゆるやかに価値を共有する人びとによる「私たちの意見」があった。この「私たちの意見」は、戦争や高度成長などの共有された歴史社会的な経験に裏付けられていた。松谷さんのメッセージ性の強い作品群に息吹を与えたのは、こうした文脈でもあっただろう。

ところが今、こうした「私たち」を見いだすのは難しい。例えば現在「大人」である三〇代、四〇代は「ロストジェネレーション」と呼ばれた世代だ。格差と貧困は大きな社会問題だが、勝敗の序列のどこに位置するかで、現実の捉え方は大きく異なる。そこでは「私たちの意見」を持つのは難しい。

まずは大人の側が伝えていけるだけの共同性を持つ必要がある。「客観中立」と「個人の考え」の間にある「私たちのリアル」をどのようにつくっていけるか。ばらばらになってしまった大人たちのあり方が問われている。

（二〇一五年三月二九日）

同性婚の制度化を

東京都渋谷区に、性の多様性を打ち出す新区長が誕生した。同区は同性カップルに結婚相当の証明書を発行する準備を進めている。家族のあり方が多様化した現在、時代に即した新たな法制度が求められる。これを機に、ほかの自治体や国レベルでも活発な議論が進むとよい。

「結婚とは何か」「パートナーシップとは何か」をめぐっては、さまざまな考えをもつ人がいて当然だ。こうした問題では、法制度ができるだけ「正しいかたち」を明言せず、多様性を認めることが重要だろう。「結婚はこうでなければ」と思う人は、自分で実践すればよいのであって、「あれはダメ」とわざわざ言う必要はない。

結婚の法制度の多様性は、新たに組み入れられる人にとって、例えば「正式な家族としてパートナーの手術の同意書にサインできる」とか「入居の際に保証人になれる」といった日常の諸権利にとどまらない（これらもとても大切だが）意味があると思う。

個人的な、心に残っている経験がある。私は、結婚制度に言いようのない違和感を抱えてきた。パートナーと子どもがいるが、籍を入れたのはかなり後になってからだ。以前、まだ事実婚状態であったとき、同性パートナーと暮らす友人に対して「結婚はしたくないの」とつぶやいた。そのとき友人が返したのが次の言葉だった。「パートナーが同性で、そもそも結婚を選べない自分には、あえて拒否する選択肢もない」

はっとさせられた。それは、何よりもまずひとりの人間としての、自尊心の問題なのだ。法制度的に認められたとしても、個人としてそれを選ぶかもしれないし、選ばないかもしれない。

だが「認められたうえで、選ばない」ことは「そもそも最初から認められない」ことと同じではない。ある固有な性のあり方をもつ自分が、存在を祝福されてここにいる。そのことを友人や仲間などを超えて、制度のレベルで確認できることが、とても重要なのではないか。

家族の多様性は時代の流れであり、必ずしも私たちが選び取ってきたものではない。そこには喜ばしい面も、しんどい面もある。全体を見れば、未婚化、晩婚化と少子高齢化が進み、離婚率は高まっている。夫婦と子どもから成る「標準世帯」の割合は減少し、単身世帯やひとり親世帯は増えている。結果、家族と企業が主要な福祉の源だったこの国に、さまざま問題が出現していることは確かだ。

だが、良い面は確かにある。ひとり暮らしの女性「おひとりさま」が自由に堂々と振舞えるようになった。子育てに責任を負う男性が「イクメン」と敬意を表されるようになった。そして今、同性婚の法制度化に向けた新たな一歩が踏み出されようとしている。これらがあからさまに逸脱視された昔より、はるかにマシな社会である。

多様化は時代の流れかもしれないが、法制度化は人間の積極的な関与の帰結である。だとすれば悪い面をカバーしながら良い面を伸ばしてこそ、あるべき関与だろう。「同性婚の法制度化」は多様化の珠玉の面である。まずこれは合意し果実を手にすることが重要だ。

この国に暮らす決して少なくはない人々の人権に関わる問題である。

（二〇一五年五月三日）

小学生の英語教育の前に

「グローバル化に対応した教育」として、文部科学省は二〇二〇年までに小学三年生から英語教育を開始し、五年生で教科化する方針を打ち出している。

英語教育の早期化には、批判も多い。

すでに指摘されているのは①英語ができる教員が少なく指導体制がない、②グローバル化で英語が必要なのはエリートに限られる、③効果的な教授法がわかっていない、④日本語が確立されない段階で英語を教えて弊害がないか疑問、⑤拙速な政治主導、⑥受験科目化した際、英語塾に投資できる家庭か否かで格差が開く――などである。どれも、もっともだ。

そもそも「グローバル化に対応した教育」とは何を意味するのか。「世界を飛び回るエリート」などではない普通の人にとって、グローバル化とは、生活のなかで「異文化の他者との出会い」の可能性が大きくなることではないだろうか。

今、二〇年前には予想もつかなかった速さで、たくさんの情報やお金や物や人が、国境を越えて動いている。今の子どもたちが大人になるころには、教室や職場で異文化と出会う機会はずっと増えるだろう。そのとき重要になるのは「違いを言葉にして伝え合う」異文化コミュニケーションだ。

一方、日本の教室で支配的なのは、空気を読み、ノリを合わせるものだ。本当は、一人一人個別の事情を持つはずなのに、違いに目をそらし、空疎な言葉で「私たちは同じ」と確認する。例えば「昨日のあれ見た？」「見た見た。まじうけるよね」「ていうかキモイよな」「ほんっとまじキモイ！」のようなやりとり。それは中身に何が入っても変わらない、ノリが同じ限りにおいてだけ意味を持つコミュニケーションだ。

だが「ノリが違う」どころか民族も文化も言語も異なる相手と出会ったとき、これだけでは何も始まらない。関係を築くには「自分がどのような人間か」を相手にわかるように伝え、「相手がどのような人間か」をその言葉に耳を傾けながら理解する姿勢が重要になる。こうした異文化コミュニケーションは、体に染みついた作法のようなものだから、日ごろからやっていなければできない。

これは英語以前の問題である。英語ができても、まずは日本語で内容のあるやりとりができなければ、訳すことさえできない。逆に言えば「違いを言葉にして、その上で通じ合う」という作法が身についていれば、英語の習得は中学校に入ってからでも遅くない。

まずは学校自体が子どもたちにとって、異文化との出会いやコミュニケーションを育む場として、多様性に開かれる必要がある。

異文化とは何も「外国人」だけではない。たとえば、障害がある人とない人は互いに異文化だ。両者が同じ教室で学ぶ意義は大きい。しかし実際には学校は「違い」を持つ存在との共生をますます避けるようになっている。二〇〇七年の設置から一三年までに、特別支援学校に通う幼児・児童・生徒数は一〇万八〇〇〇人から一三万三〇〇〇人へと増えている。

「グローバル化に対応する教育」が「異文化の他者と出会う準備」なのであれば、今ここにある異文化を大切にすることだ。生徒たちが異文化コミュニケーションを学ぶとすれば、英語の拡充よりもそうした社会の共生への取り組みからであるに違いない。

（二〇一五年六月七日）

夫婦別姓、最高裁判断に期待

「自分の住むところには、自分で表札を出すにかぎる」と詩人・石垣りんは書いている。「精神の在り場所　ハタから表札をかけられてはならない」とも。自分の姓名を名乗ることは、自由な精神を持つひとりの人間としてこの社会に存在するということだ。

この秋から最高裁大法廷で、夫婦別姓を認めない現行民法が違憲か合憲かを判断する審議が始まる。現行の民法では、結婚すると「夫または妻の氏」に合わせなければならない。

これに対し、国連の女性差別撤廃委員会は、くり返し民法を改正し選択的夫婦別姓を導入するように日本に勧告してきた。二〇一五年は、日本が女子差別撤廃条約を批准してからちょうど三〇年。この節目にカップルが結婚後もそれぞれの姓を名乗り続ける権利が保障されることを祈る。

現行法は女性差別的だ。制度上は夫が妻の氏を名乗ることも可能だが、実際には九六％のケースで夫の氏が選ばれている。結婚に際する氏の変更はほとんど「女性のみ」が直面する問題であり、これに伴う不利益は、事実上女性に集中している。

氏の変更による不利益は、銀行などの名義変更手続きの面倒さや「今までの自分はどこに？」というアイデンティティ不安の問題にとどまらない（それらもとても重要だが）。直接的なキャリアへの打撃となる可能性もある。

例えば、仕事環境がグローバル化すれば、日本と他国を行き来しながら仕事をする女性は増える。ひとたび海外に出れば、パスポートは最大の本人確認書類だ。パスポートの戸籍名と、仕事で使用している旧姓が異なる場合、仕事の実績がきちんと連続して把握されない可能性がある。

さらに、そのような既婚キャリア女性が海外勤務関でたびたび、「パスポート名とは違いますが、日本では女性は結婚すると名字を変えるのが一般的で……」と説明するとしたらどうだろう。重要な国際交流の場で、「いまだに女性が仕事をしにくい国＝日本」という印象が、振りまかれることになる。言う女性の方も情けないだろうし、聞く側も「はぁ？」となるだろうことは言うまでもない。法改正のメリットは大きい。

他方、大きなデメリットは考えにくい。もちろん、結婚によって姓を変えるのがよいと考える人もいる。二〇一二年の内閣府の世論調査では、選択的別姓に向けた法改正について「法改正の必要がない」が三六・四％、「改めてもかまわない」が三五・五％とほぼ同じだった。だが、姓を統一したい人は自分でそうすればよいのであって、別の考えを持つ人に強要する必要はないだろう。

また、政策レベルで「姓を同じにすれば家族はまとまる」という曖昧な保守的認識に依拠するのはおかしい。

現実の家族は多様化し、これまでの認識でとらえられなくなっている。「古きよき過去」にすがるよりも、現実の多様化をサポートできる制度を整えてこそ保障、つながりは深まるだろう。

石垣りんは、生涯結婚することなく働いた人だった。だが、結婚してもすべての人に「精神の在り場所」を示す自分の表札を掲げる自由が保障されることを、詩人も望むではないか。司法の判断に期待したい。

（二〇一五年七月一二日）

いじめ自殺対応を考える

「子どもの自殺は学校の長期休み明けに集中しており、特に夏休み明けの九月一日は突出して多い」。内閣府が一八歳以下の自殺について、過去のデータを「日別」に集計した結果、わかった。

「学校に行かなければならない。でも行きたくない」。その葛藤が子どもを死へと追い込む最大のきっかけだと、これほどクリアにされたのは初めてではないか。死へと追い込まれるほど「学校へ行きたくない」理由の主要な一つは、いじめだろう。先月、岩手県の中学二年生のいじめ被害による自殺が報道された。担任教諭と交わした「生活記録ノート」に被害生徒が自殺を示唆する「ＳＯＳ」を送っていたことで、担任教諭や学校関係者の対応の是非が注目された。

なぜ、未然に防げなかったのか。かけがえのない「子どもの命」が失われた痛ましさから、多くの人がそう考えるのは当然だ。だがその先に「どうすれば未然に防げるのか」を模索できなければ、個人の非難に終始してしまう危険性がある。

身近な例で恐縮だが、私が住んでいる南オーストラリアには「子どもの安全環境を守る研修」というものがある。子どもに関わる仕事をするすべての人々——ボランティアも含めて——は「子どもの安全環境」をつくる一部であり、丸一日かかるこの研修を修了しなければ働けない。主眼に置かれているリスクは虐待だが、いじめにもそのまま当てはまる。

研修の主旨は「個人の不完全さを知って、子どもの情報を共有し他者や他機関と連携するやり方を学ぶこと」である。「完全」を目指していないのがミソだ。

導入部分では、まず以下のように説明される。「大人の個人の価値観や経験は、被害に遭っている子どもの理解に大きく影響する。子どもの視点で被害を理解することが大切」

と。参加する大人たちは、小問題をいくつも解くことを通じて自分の傾向を知る。例えば「思春期の子どもは、大人の注意を引くためにはしばしば被害に遭っているとうそをつく。○か×か？」といったもの。答えは「×」だ。

そして、子どもの被害の通知においては、一般的に「そんなわけがない」「大したことではない」などと思ってしまう法則があることを学ぶ。つまり、子どもの訴えを大人の枠組みで「割り引いて」聞くのではなく、ありのままに受け止める態度が重要ということだろう。そのうえで、被害を認知した根拠を明確にし、第三者機関に報告する重要性と、具体的なプロセスが伝えられる。

日本とオーストラリアでは問題も背景も異なるので、一概に賛美するのは慎重でありたいが、一つのモデルにはならないか。

教師も一人の人間。「完全」ではないから無念な失敗もある。だが、その「不完全さ」を自覚し、陥りやすいわなが何かを全体で共有し連携することで、救えるケースは増える可能性がある。岩手の生徒も、そのように対応されていれば、と思わずにはいられない。

今年も間もなく九月一日がやってくる。自戒を込めて確認したい。大人にとってどんなに小さく見えても、子どもにとっては命に関わる問題になり得ることを。そして、子どもが命を懸けて行かなければならない場所など、絶対にないということを。

（二〇一五年八月一六日）

「戦争反対」が意味するもの

憲法学者が違憲と断じ、国民の過半数が反対した安全保障関連法が成立した。異例の長期国会で無理やり成立させた安倍晋三首相は、立憲主義と民主主義をついに無視したことになった。

だが、これに対する国会周辺デモをはじめとする種々の抗議行動は大きな存在感を示した。とりわけ「ＳＥＡＬＤｓ（シールズ）」を中心とする一〇代後半から二〇代前半の若い世代の参加が目立った。

若者にとって、デモに参加し政治的態度を表明することが身近になってきている。「このような方法がある」と広く示したのは3・11後の脱原発デモだろう。だが若い世代の政治的主張は、二〇〇〇年代半ばからの不安定雇用者の労働運動によってすでに始まっていた。

若者の労働運動の主張は、雨宮処凛氏の著作タイトル『生きさせろ!』に象徴される。当時、雇用の切り崩しが急速に進み、劣悪な雇用環境で働く若者が増えていった。まともな仕事に就き、過労レベルの残業をせずとも暮らせる賃金を得、希望を持って子どもを産み育てる。そんな「人として当たり前のこと」が奪われていた。しかもそれが「意欲のない若者」「自己責任」という言葉で正当化されようとしていた。

そのなかで、二〇〇六年の「自由と生存のメーデー」は、次のようなスローガンを掲げた。「生きることはよい。生存をおとしめるな！　低賃金・長時間労働を撤廃しろ。まともに暮らせる賃金と保障を！　……殺すことはない。戦争の廃絶を！」

不安定な生活のなかで未来も誇りも奪われて暮らすことは、若者たちにとってひとつの「戦争」に他ならなかった。「生存の尊重」はそこでは、それを現実にないがしろにされた存在による、口先だけではない、自らの人権をかけた主張だった。

このような状況は一〇年たった今も基本的に変わっていない。シールズ世代である一〇代後半から二〇代前半の若者たちは、過酷な市場競争とそこから振り落とされた者が排除されるさまを、子どものころから見てきている。子ども・若者に対する社会保障が手薄い日本では、親の経済階層がそのまま子どもの生活・教育水準に反映される。

過去約二〇年悪化しつづけてきた親世代の仕事状況は、子どもの貧困率や格差を押し広げた。学校給食のない夏休みに、やせ細る子どもたちがいる。

安保法制反対デモで「戦争反対」と叫んだのは、すでにそのようなかたちで「生存」が揺らぐ経験を幼いころから見せられてきた世代なのだ。

「戦争反対」という言い方に、賛成派は「法律は戦争をするとは書いていない」と思ったかもしれない。だが、若者たちが反対している「戦争」は、安保法制が示唆する海外での武力行使の可能性にとどまらない。背景にあるのは、今ここにある「生存」を軽視する社会に対する強い抗議ではないか。この抗議は、だから安保法制が国会を通過しても鳴りやまないだろう。

「戦争反対、憲法を守れ！」は「生きさせろ！」「まともに暮らせる仕事と未来を！」へとつながっていると考えられる。若者たちは主張している。あとはそれを適切に聞き取る「耳」があるかどうかだ。

（二〇一五年九月二〇日）

居場所の可能性

就労支援といえば職業カウンセリング、職業紹介、職業訓練、仕事体験などを思い浮かべる人が多いだろう。だが、それだけではきちんとした就労に結びつかない場合がある。長期にわたって複雑な生きづらさを抱えている場合だ。

例えば、無業期間が長くひきこもり気味など、社会と離れてしまっている人。過去に就労での燃え尽き、職場でのハラスメント、過重労働などを経験し「人を信頼し協力し合う」ハードルが上がっている人。「貧困」「障害」など福祉の枠に入るわけではない。しかし「じゃあ仕事があれば働けるだろう」と言われても、難しい。「甘え」と切り捨てられて済む問題ではなく、雇用が不安定で無業リスクが大きい社会で、こうした人は少数ではない。

そこでの問題は、こじれた生きづらさの中で「自分はいったい何がしたいのか」が見えなくなってしまっていることである。

本人が「こういう仕事がしたい」とニーズを表明できれば、支援者はそれをサポートし得る。ただ、ニーズが不明確な場合、「よくわからないが苦しい、助けてほしい」となり、支援は行き詰まりがちだ。本人も「とにかく就労を」と焦って踏み出した結果、苦しくなって続かず、さらに失敗体験が刻まれてしまうことがある。

では、ニーズが不明確な状態をどのように支え得るのか。

しばしば就労支援の周辺に、「居場所」と呼ばれる場が存在する。居場所には明確な目標設定がないものが多く、「何をしても、しなくてもいい」のが特徴である。お茶を飲みながら世間話をしているだけでいい。社会的な立場から解放され、ありのままに人と交流できる。

遠回りにみえるが、就労における居場所の意味は大きい。

私が出会ったある二〇代の無業の女性は、「働くのが怖い」「生きるには働かねば」という矛盾した思いを抱え、アルバイトを始めては無理が続かず、すぐに辞めることが続いていた。

居場所に通うようになった彼女は、他の参加者と出会う中で「いろんな生き方がある」「自分は臨機応変が求められる仕事より、決まった作業を黙々とするのが向いている」と感じていく。以前より自分に適したアルバイトを選べるようになり、職場で嫌なことがあっても、居場所の仲間に愚痴を言いつつ乗り切り、辞めずに済むようになった。

もちろん、不安定な雇用という問題は、解決されないまま残されている。だがこの女性は、自己否定から解放される時間が増えた。「自分のニーズは何か」を知るようになった。それは、自らの問題を把握し、その解決に向けて、人の手を借りながら現実的な一歩を踏み出す基礎となるだろう。

仕事をする・しない以前に、まずはひとりの人間として社会に受け入れられることが重要だ。「自分はどういう人間で、何がしたいのか」は、その表明を受け止めてくれる他者がいて初めて言葉になる。この自己のニーズという「土壌」があってようやく、就労支援という「水」がじっくりと浸透していく。居場所は、その「土壌」をつくる取り組みといえる。

多くの居場所が、民間のＮＰＯなどによって、厳しい資金繰りのなかで運営されている。これを広義の就労支援の一環として捉え、制度的基盤を整えていくことが求められる。

（二〇一五年一〇月二五日）

フリースクール法案を考える

現在、義務教育はすべて学校で行われることになっている。だが、フリースクールや家庭など、学校以外の場でも義務教育が行われる可能性が出てきた。

自民党の議員連盟による議員立法で「義務教育の段階に相当する普通教育の機会の確保に関する法律案」が来年の通常国会に提出される見込みだという。成立すれば、不登校の子どもが学校に行かず、フリースクールなどで勉強した場合も義務教育の修了を認められ、高校に進学することができる。ただし、学校に籍は残すことになる。

三〇年前、不登校は否定的に捉えられていた。

不登校のため投薬や入院などの措置が取られたり、「義務教育の義務を果たしていない」と子どもや親が責められることがあった。そのような時代を知る不登校支援に携わってきた人々にとって、今回の法案は隔世の感のある望ましいものと映るだろう。

しかし慎重に見極めなければならない。いったいこの法案は何を目指しているのか？　一番の目的は、「義務教育の徹底」なのか、「教育における多様性の尊重」なのか。「不登校支援」か、「フリースクール支援」か。これらは重なっているが、少しずつ違う。

「義務教育の徹底保障」を目指すならば、貧困や虐待などで学べなくなった人への支援が議論されるべきだろう。「教育の多様性」をいうなら、フリースクールだけでなく民族学校なども並行して検討される必要がある。

「不登校支援」としても微妙だ。文部科学省の調査によれば、フリースクールに在籍する子どもは不登校約一二万人の三・五％にすぎず、今回の法案で義務教育修了が認められるのはわずかだ。現行でも不登校は学校に籍を置き卒業が認められているケースがほとんどなので変化が見えにくい。

「フリースクール支援」ならばそれは意義深い。だが、子ども・親・支援者が望む支援になるのか。先の調査によれば一施設当たりの平均子ども数は一三・二人で、有給の常勤スタッフは二〜三人。ボランティアスタッフの活用も多い。平均月額会費は三万二〇〇〇円であり、必要なのは財政支援だ。ただ財政支援は一定の標準化を伴う。今ある多様で柔軟な「良さ」をつぶさずに運営することが可能か。

また、そもそもこれは「多様な教育機会の確保」を目指す法案として超党派の議員が今年五月に原案をまとめたものの、保守系議員による「不登校を助長する」という意見やフリースクール側の慎重論など、さまざまな反対から今年の国会提出が見送られたものだ。当初案は「夜間中学」と「フリースクール」との二本立てだったが、今回の報道では夜間中学は目立たなくなり、「多様な教育機会の確保」という文言も削られた。「妥協の末、目的があいまいになる」という本末転倒が起きていないかと懸念される。

問題は、法案に「賛成」か「反対」かではない。この法案が何を目的とし、いかなる手続きでそれを実現しようとし、現場にどのような影響があるか。それをしっかりと見極め、声を届けることが重要だろう。議員たちも、実際に役立つ法案となることを望んでいるはずだ。批判的なチェックを入れながら、よりよい法案にしていくことは、市民としての責任であり権利である。

（二〇一五年一一月二九日）

出産で自由になれる社会を

一・八。安倍政権が、昨年九月、「新三本の矢」の中で示した数字だ。「国民の希望がかなった場合の出生率」であり、二〇二〇年代に実現するのが目標という。

「子どもを持つ・持たないは個人の自由であり、国家が方向を示すのは個々の人生への介入」とする見方はあり、重要である。だが、国という単位で物事を運営する以上「国民の数」は関心事であることを免れない。子どもを持ちたいのにさまざまな事情であきらめている人が、条件が変わることで持てるようになるなら、これは望ましいことだろう。目標は遠いが、本気で取り組んでほしい。

問題はそれを達成するプロセスがきちんと描かれていないことだ。少子化の原因ははっきりわかっておらず「この政策が有効」と断定することは難しいとされる。しかし、ヒントはある。少子化の進行は先進国共通の現象だが、英、米、仏、豪、北欧諸国などは、いったん少子化が進んだあとの出生率は二・〇前後に回復しているのだ。何が違うのか。

これらの国では、婚外子の割合が高まり、二〇代の出生率の低下が緩やかだったのだ。若い女性が夫の有無や夫の経済状況にかかわらず、子どもを産んで生きる道を選べること。それがカギだ。

当たり前の話だが、妊娠・出産するのは生物学的な意味で「若い女性」である。日本では若い女性は社会的立場が「弱い」。教育や雇用から疎外されやすく、暴力の被害者にもなりやすい。子どもを産み、依存的な存在を抱えれば、その立場はさらに弱くなる。だから、多くの女性は「強い」存在（正規雇用の男性パートナー）が見つからないうちは、妊娠出産を躊躇する。「今子どもができたら私の人生は終わる」。漠然とそう思っている若い女性の、何と多いことか。

だがもし、そんな彼女たちが、妊娠出産することを「強く、自由に、豊かになる」と感じることができるなら？　「母は強し」などという意味ではない。他の「強い」存在を当てにせずとも、子どもと自分の生活が保障されるということだ。保育や教育の費用を案じることなく、子どもの可能性を伸ばしてやれる。子育て中でも仕事や学校を継続できる。そうなれば、事態はきっと違ってくる。

これは「ありえない話」ではない。私が現在暮らしているオーストラリアは、少子化が緩和した先進国の一つだ。日常の中に「子どもを産み育てることは権利」という感覚が浸透している。

例えば、近所に住む共働き夫婦は二人同時に産休を取っていた。失業給付で暮らすカップルが子どもを大学院に進学させていた。大学院生の夫婦が勉強しながら三人の子どもを育てていた。シングルマザーになることで親元から自立していく一〇代の女性がいた。

文脈は異なるし、高い失業率や離婚率など他の問題もあるが、「そういう社会がある」ことは確かだ。

出産・育児をする人は、どうしても立場が弱くなる。だが、そこを集団の意思で反転させ、支えてこそ、人間の社会ではないのか。

若い女性が、子どもを産むことで強く・自由になれる社会。少子化対策に本気なら、ぜひそこを目指してほしい。それはまた、ケアを担う男性女性たちや、高齢者、障害や病などを抱える人にとっても、生きやすい社会であるだろう。

（二〇一六年一月一〇日）

不登校、未然防止よりも…

ある新聞社の独自分析で、二〇一四年度に新たに不登校になった「新規不登校」の小中学生の全生徒に占める割合が、過去最高だと報道された。六万五八〇七人が新規不登校であり、一日一八〇人の小中学生が新たに学校に行かなくなった計算だという。専門家は「未然防止」の必要性を指摘し、文部科学省もそのための支援策を検討中とされる。「新しく不登校になる子どもが増えているから、それを未然に防がねば」というのはわかりやすい。だが、ちょっと待ってほしい。

確認したいのは「全体として不登校が増えている」わけではないことである。学校基本調査によれば、不登校になる中学生の割合は、二〇〇〇年代以降はずっと二〇％台後半で、多少の揺れを含みつつ一定に推移している。二〇一四年度も他の年度と比べて必ずしも高くない。それを踏まえれば「新しく不登校になる子どもの割合の増加」は「不登校のままでいる子どもの割合の減少」と関わっている。実際に、中学校において「前年度から継続して不登校であった生徒」の不登校生徒全体に占める割合は減ってきており、二〇〇二年度に五四・七％だったのが一四年度には四九・六％になっている（文科省「問題行動調査」）。

ここから読み取るべきは「不登校が増えている」という量の変化ではなく、それが子どもにとって、より「入りやすく出ていきやすい」一般的な道になりつつある、という質の問題ではないか。

不登校の状況が「悪化」したという数値データは、人々の注目を集めやすい。長期欠席の出現率を歴史的に見とおせば、一九七〇年代半ばから四半世紀ものあいだ、学校に行かない子どもは一貫して増えてきた。教育問題に関心のある年長の方なら、九〇年代ごろまで毎年、「不登校の数・割合が、また過去最悪を更新した」とセンセーショナルに報道されていたのをご記憶ではないだろうか。不登校は、それを通じて人びとが独自の教育批判を展開する「ネタ」になってきた面がある。

だが、これをくり返してはならない。重要なのは、現在不登校の状態にある子どもや、不登校の経験を持っている若者の現実を踏まえ、当事者の利益を考えることである。今回のデータに対し「新規不登校の増加」と必要以上に反応し、性急な「未然防止策」が取られれば、当事者の不利益につながることもある。例えば、いじめ被害者が自らを守るために学校から徹底する場合や、さまざまな負荷を抱えて学校に行くことが困難になっている場合など「未然防止」によって、新たに不登校になるハードルを上げるよりも、「さらりと休める」ことが本人にとっては重要なときもある。

くり返すが、上記のデータからは「不登校がより多くの子どもにとって義務教育のどこかで経験する一つの道になっている」という現実が見てとれる。そうであれば、不登校になる子どもを減らすよりも「不登校になっても本人が不利益を被らない環境」をつくることの方がより重要ではないか。

学校に行かなくても、フリースクールや自宅で勉強できる。不登校の自己を否定することなく他者とつながるベースで学校や職場に移行できる。重要なのはそれらであって、数字を減らすことではない。

（二〇一六年二月一四日）

怒りが連帯をつくる

「保育園落ちた日本死ね」というある母親の匿名ブログの文章がマスメディアやインターネットを通じて拡散し、国会で議論された。首相や一部議員による「匿名なので確認できない」という反応に対し、「保育園落ちたの私だ」とするプラカードを掲げて国会前に集まるアクションが起き、保育制度の充実を求める二万七〇〇〇筆の書名が集まった。ブログが書かれたのは二月中旬だ。一カ月もたたないうちに具体的な声が届けられ、政府は対応を迫られることになった。何とスピーディな「民主主義」だろう。ブログを書いた人、活動を企画した人、実際に参加した人、訴えた議員たち、ネット上で応援した人、さまざまな人の自発的な行動と思いが重なって実現した。

これを可能にしたポイントのひとつに、「怒り」があったと思う。「保育園落ちた」が「私どうしよう」という個人の悲しみや困惑としてではなく、「日本死ね」という国に対する明確な怒りの表現を取ったことに対する意味があった。怒りとは「この社会の一員」としての権利意識があるところに生まれる感覚だからだ。

「保活」という言葉がある。子どもが保育園に入所できるよう親が行う活動のことだ。「就活」や「婚活」と同様、「激化する市場」に放たれた個人が計画的に準備して目的を達成する、というニュアンスがある、そこには「勝者」と「敗者」がいる。

これは保育園に入れなかった場合、「もっと早くから入所に有利になるよう準備をすればよかった」と、結果を「自己責任」と見ることを促す。だが、子どもの命と生活に関わる事柄を「事前に準備する」とはどういうことか。それは例えば「定員が多いゼロ歳児・四月入所を目指して、二、三月は避けて出産する」ということを含む。人の命を支える制度であるべきなのに、制度のために命がコントロールされては本末転倒だ。だが「保育園への入所は親の自己責任」という認識のもとでは、それをしないことが親の「自業自得」とさえ見なされ得るのだ。

あのブログの母親は、保育園に入所できなかったことを日本政府への「怒り」として表現した。その背景には、働きながら子どもを産み育てることは正当な権利であり、社会はそれを保障するべきだという認識がある。

「何でも社会のせいにするのか」という声もあるかもしれない。だが、権利主張と利己的な振る舞いは違う。

私たちはみなこの社会の一員だ。「私」が自己責任として引き受け、無言のうちに我慢すれば「私も自力で切り抜けたのだから、あなたもそうすべきだ」というメッセージへと通じていく。まずは「私」の現実に怒ることが「あなた」が不当におとしめられていることへの告発に扉を開く。

「保育園落ちたの私だ」と国会前に立った人の中には、当事者でない人もいたという。「私」の利益のみのためだけではなく、「あなた」のために怒った人もいた。そこにあるのは「勝者／敗者」ではなく、「社会の連帯」だ。

怒りによって連帯が生まれた。「一人で落ち込まなくてもよい、同じ境遇の人とともに主張してよい」と思える「空気」ができた。保育制度の充実の重要性とともに、そのことを確認しておきたい。

（二〇一六年三月二〇日）

保育の質と子どもの権利

二〇一六年二月、「保育園落ちた」という匿名ブログが、待機児童問題への政治的注目を促した。自民党は短期的な規則緩和案を打ち出し、対抗する民進党は「子どもの安全と保育の質」を重視する慎重論を掲げた。ブログから二カ月あまりを経て、議論は単に量的な不足を指摘するものから「どんな保育園をつくるか」という「質」を問う段階に入ってきている。

量的な不足への対応は急務だが、量を優先させるあまり質が犠牲にされることがあってはならない。内閣府の発表によれば、二〇一五年の保育施設での死亡事故は、施設の面積や人的配置に厳しい基準のある認可施設では四件だったのに対し、そうした基準が緩い認可外施設では一〇件だった。子どもの生命に直結する「質の確保」が重要なのは明白だ。

しかし、「保育の質」とは何を指すのだろうか。教育学者の鈴木正敏氏によれば、幼児教育・保育をめぐる国際的な評価基準では「構造の質」と「過程の質」が区別されているという（「幼児教育・保育をめぐる国際的動向」『教育学研究』二〇一四年一二月）。構造が園舎の広さや清潔さ、保育士の資格の有無や人数といった保育の環境に関わるのに対し、過程は、その中で大人がどう子どもに働きかけており、子どもがどう過ごしているかという保育の中身に関わるものだ。国際的な動向は保育の「環境」から「中身」へと重点を移しつつあるという。

ここで重要になるのは、保育園の整備は「親が働く権利」のみならず、「子どもがよい環境で育つ権利」の問題でもあるという視点だ。保育園の数が足りて待機児童がいなくなり、希望する親が働けるようになればそれでいいわけではない。その先にある重要なゴールは、子どもが「自分の存在が受け入れられている」と感じて「自分」を安定させ、他者や社会に対する信頼を育んでゆくことだ。「子どもがどう過ごしているか」という保育の中身の質の追求は「よい保育園で育つのは子どもの権利」という視点があって初めて可能になる。

他方、日本の現状では、保育園の整備と「子どものよりよい育ちへの権利」を結びつける視点は希薄だ。例えば、二〇一四年まで児童福祉法は保育園に通う子どもを「保育に欠ける」存在と位置づけていた（現在は「保育を必要とする」に改正）。すなわち、保育園児は、歴史的に「母親が働いているため、本来あるべき専業主婦よる保育がなされないかわいそうな状態」とされてきたのだ。そこでは、保育園は不足を補う消極的な意味を持つにすぎず、「子どもの権利」という積極的な意味は持ち得ない。

だが、もうそのような時代ではない。女性の労働力率は高まり、子どもと差し向かいの逃げ場のない子育てが必ずしも望ましくないことも明らかになった。保育園は「子どものよりよい育ちへの権利」を保障する場として、もっとポジティブな意義が語られてよい。

保育園施設を求める声は、親たちの厳しい状況から立ち上がり、政治を動かしつつある。その先に子どもが他者や社会との関係のなかで育つ権利を見据えていくことで、運動の地平はさらに広がるのではないか。

（二〇一六年四月二四日）

どうする？　大学の私語

教師が教壇に立てば、水を打ったように静かになる――それは大規模・一斉授業の理想だろう。だが現実には、教室は騒がしい。小中学校ではない、大学の講義の話だ。

大学における私語は、大学の大衆化を背景に、一九七〇年代から「一部の」大学・学生に起こるとして問題化されたのち、八〇年代にはどの大学でも見られる「普遍的な」現象となり、九〇年代以降は授業中ずっとある「常態的な」ものとなったとされる。二〇〇〇年代以降は携帯メール等で授業中にやりとりする「メール私語」も現れ、他のことをしながら片手間に授業に参加する学生の態度が目立つようになった。

新任の大学講師だった私には、学生の私語は悩みの種だった。周りの講師たちに対策を聞くと「話を中断して静かになるのを待つ」「出て行ってと言う」「諦めて無視する」などの対応が中心だった。根本的な解決にはならないが、それしかないのが現実なのだ。

私も最初は「厳格に対応する」と言っていた。「市民社会のルールを適用します。あなた方には教室を出て行く自由がある。でも、静かに授業を受けたい他人の権利を邪魔する自由はない」という具合だ。

そうすると学生が「先生、コワイ」と言う。「こわいなら言うことを聞いてくれるか」というとそうではない。教師の「権威」が失われているとき、「コワイ」とはすなわち「遠い」でありそれは「この人の言っていることは自分に関係ない」という感覚につながる。結果として、少しの間は静かになっても、またすぐにがやがやしてしまう。私はますます「コワく」なり、学生との距離はさらに開き、私語は続く。悪循環だ。

しかし、経験知が増え余裕ができてくると、教師としての自分の「しょぼさ＝非力」を認められるようになり、学生のことも見えてきた。私語をする学生の側にも、それなりの理由がある。興味の持てない主題、工夫の少ない教授法、優先すべき友人とのおしゃべり。思えば自分も、かつてはそうだったではないか。

そこで、正直に「私も困っている」と話してみることにした。「相談」して「協力」を仰ぐ。学生たちの「目線が同じ人に配慮する」力はすばらしい。私語がなくなることはないけれども「じゃあ協力しようかな」という雰囲気が生まれた。私の見方も変わった。静かな授業環境ができても、それが「抑圧の結果」であれば、どこか後ろめたい感覚が残る。「相手の協力の結果」だと、ありがたくうれしい。

こういうことは、保育や教育、介護、医療など、専門家の管理と現場の自由がせめぎあう現場では、よく起こることではないか。

高等教育が大衆化し、インターネットを通じて必要な情報が手に入るようになった現代、専門家は知を独占する権威者ではない。人びとは、実は専門家に依存せずともやっていける。むしろ、人びとに一目置かれ、言うことを聞いてもらえないとやっていけないのは専門家の方ではないか。

「先生」と呼ばれる人びとは、自分の非力を認めることを怖がらなくてもよいのかもしれない。真摯に請えば、子どもや学生や患者たちは「協力しよう」と思ってくれるだろう。

（二〇一六年五月二九日）

若者の権利は充足されたか

「子ども」とはどのような存在だろう？　そう聞かれれば「幼くかわいい」「学校に通う」「未熟なので責任が免除される」など、さまざまな事柄が思い浮かぶだろう。「大人」はその反対だ。成熟した心身を持ち、教育を終え、仕事や家庭を持って社会的な責任を果たす。そんなイメージだろうか。

だが子どもと大人の境目は、実際にはとても曖昧だ。法制度的な面を見ても、「ここまでは子ども、ここからは大人」という境界ははっきりしない。例えば、刑事責任が問われるようになる年齢は一四歳。労働は一五歳から。結婚は、女性は一六歳、男性は一八歳から可能になる。一八歳になると運転免許や「アダルト」が解禁される。同時に児童福祉法の「児童」ではなくなり、罰則のある買春禁止対象から外れる。二十歳は民法上の「成年」とされ、これ以降お酒やたばこが許される。そして少年法が適用されなくなり、罪を犯せば実名で報道されるようになる。

今年から一八歳・一九歳の人びとが選挙で一票を投じ得るようになった。これまで選挙権は、民法上の成年に伴う大人としての権利だった。「選挙権と成人式はセット」と考える年長世代には、不思議な感じがするかもしれない。

ところで、大人になるとは、この国の一人前の構成員と見なされることであり、権利と義務の両面が伴う。そしてこの権利と義務のバランスシートは、過去二〇年で子ども・若者にとって不利になったといえる。

例えば二〇〇〇年、少年法が定める刑事責任年齢が一六歳から一四歳に引き下げられた。他は変わらないまま、責任だけが強化されたわけだ。また、一九九〇年代半ば以降に進行した若者雇用の劣化は「仕事に就き自分の家庭を持つ」という当たり前の自由な大人への扉を「狭き門」にしてしまった。それを後押ししたのは経済界と政治だ。つまり、大人としての責任は早いうちから課され、大人の自由のほうは獲得できる可能性が狭められてきたといえる。それを思えば、一八歳選挙権は若者の権利・自由を拡大することであり、望ましい方向性である。ひとりでも多くの若者に行使してほしい。

一方で、その意義は、限定的だ。今回増える一八歳・一九歳の有権者は約二四三万人で全体の二・三％。生活を改善する政治的手段が若者に与えられたとはいえない。権利と義務のバランスシートのマイナスが解消されたとか、ましてやプラスに転じたわけではないのだ。

危惧されるのは、このような限定的な権利と引き換えに、今後若者に対して「国家に貢献する義務」が求められる危険性だ。

国民国家の歴史を見れば、参政権は兵役の義務とセットで与えられてきた。一八歳選挙権と引き換えに、若者を国家の兵力として動員しようとする議論が今後、出てこないとも限らない。

だから今、確認しておく必要がある。現代の若者の権利と義務のバランスシートは、まだまだ実質的に権利が少ないほうに傾いたままだ。選挙権付与を根拠に「義務も増やすべきだ」とするのは不当である。

そして、当然のことだが、教育機会の平等や雇用・生活保障の整備など、若者世代の利益を実現していく責任が、年長世代にもあり続けることは言うまでもない。

（二〇一六年七月三日）

「生」の無条件の肯定、今こそ

相模原の知的障害者施設で利用者一九人を刺殺する事件が起きた。この施設の元職員である加害者は「障害者なんていなくなればいい」「意思疎通ができない人たちは幸せをつくれない」などの発言をくり返しているという。

このような差別を許す社会であっては絶対にならない。今、あらためて言葉にする必要を感じる。「いない方がよい命」などない、と。障害の有無にかかわらず、ただ「生きること」自体が尊いのだ、と。

加害者の差別的発言を「身勝手な理由」など個人の異常性に帰する報道もある。だが、「役に立たない人間には価値がない」というメッセージは、この社会にあふれている。例えば、今野晴貴さんの著書『ブラック企業』（文春新書、二〇一二年）には、新入社員を「会社の利益にならない人間以下のクズ」などと罵倒する会社役員が登場する。ここまででなくとも、就職活動などを通じて「能力の低い人間は競争に負けて当然」とする自己責任論を内面化していく若者は、ありふれた存在だ。こうした考え方と「役に立たない存在は生きる価値がない」とする発想までの距離は近い。

「何かができる・できないにもかかわらず、生きること自体が尊い」という価値を社会で共有する倫理的な態度として選び取り続けたい。これは絵空ごとではない。

事件の加害者は「意思疎通のできない人」を狙ったというが、「意思疎通ができない」かに見える存在は、障害がある人だけではない。例えば、赤ん坊や老人。生まれて来ては死にゆくそうした人を受け入れずには、人間の社会は回らない。もっといえば、自然の猛威や豊かさなど、世界はそもそも意図を解釈できないもので満ちている。人間中心の思考と能力主義に侵された私たちは、まずそのことを認識しなおす必要がある。

「意思疎通」とは何かという問題もある。幼子と毎日触れ合う保育者は、泣き方ひとつで何が不快か聞き分ける。介護者は利用者のまばたきや足の指の筋力の動きによってその意思をくみ取る。「意思疎通」の成立は、情報を発する人の「能力」だけでなく、受け手の「聞く耳」や「見る目」にもかかってくるのだ。

確かに、知的障害などのため「意思疎通に人一倍の時間と労力がかかる人」はいるだろう。それならば、周りが時間と労力をかけること、またそれを可能にするゆとりを持つことで対応できる。ひとりの人間の存在の重みを、効率の良さなどよりも大切にする社会をめざせばよい。

『生を肯定する倫理へ』（白澤社、二〇一一年）を著した野崎泰伸氏は、「障害者の問題は

〈私たち〉の問題である」としながら、「障害があるだけで人間扱いされないような社会に、あなた自身も、私も住んでいることを、あなたや私はどう考えるのか」と問う。それを嫌だと思い、変えたいと思う人は、本人と家族だけではないはずだ。

事件を受けて、知的障害がある人と家族の団体が声明を出した。「もし誰かが「障害者はいなくなればいい」なんて言っても、私たち家族は全力でみなさんのことを守ります」本来ならば、私たちの社会の代表が言わなければならないのだ。「差別は絶対許しません。社会として全力で守ります。安心して、堂々と生きてください」と。

（二〇一六年八月七日）

不登校への「よい対応」

学校の新学期が始まった。夏休み明けの九月一日は、子どもの自殺が特に起こりやすいという。特に問題がなくても、長期休暇明けは何となく「行きたくないな……」という気分になるものだ。学校へのなじめなさを抱えていれば、なおのことだろう。

「命をかけてまで、学校に行かなくていい」。そんなメッセージを掲げ、新学期に向けて、各地の学校外の子どもの居場所が無料で場を解放したり、相談を受けたりする取り組みを行った。確かにそうだ。起こるなら不登校の方がいい、自殺よりもずっと。

とはいえ、目の前の子どもが不登校になったら、周囲は戸惑うだろう。そんなとき、どうするか。以下で少し考えてみたい。

不登校は、日本では約六〇年の歴史がある。子どもと学校をめぐる問題の代表選手だ。そして、実は専門家や現場の支援者がとる「よい対応」は、ずっと変わっていない。それは第一に登校圧力を下げて子どもが安心できる環境を整えること、そして第二に、再登校を急ぐのではなくその子が自分のキャリアを探すのを見守ることだ。

第一の点は、不登校の子どもが多くの場合、「行くべきだとわかっていても行けない」という不安や自責の念をもっていることに関係している。不安が強い状態ではなかなか次のステップに踏み出せないし、踏み出してもすぐにだめになってしまう。だから、まずは「学校に行くべきだ」というこだわりを解除して、心の安定を取り戻せるようにするわけだ。

第二に、「不登校」ではなく「その子のキャリア」を軸に問題を考え、本人なりの人や社会との関わり方を一緒に模索することである。そうして、長期的に見てその子の人生が社会との関係性に開かれていれば「よし」とする。短期的な学校復帰にはこだわらないのがポイントだ。

さまざまなバリエーションはあるものの、不登校の「よい対応」では、この二点が最大公約数だといえるだろう。ここではこれに次の二つを付け加えたい。まずは、問題を整理して不登校だけに切り詰めることである。そもそも不登校とは、本来は病気や経済的困難など「合理的な理由」がないにもかかわらず、子どもが学校に行かなくなる事態を指していた。だが実際には、いじめや虐待、学力不振などの「理由」があって学校に行けなくなっているケースも、不登校と呼ばれている。こうしたケースでは、その原因になっているいじめや虐待などを優先的に解決し、不登校に集中できる土壌づくりをする必要がある。

最後の点として強調したいのは「子どもの問題と自分の問題の区別をつける」ことである。不登校の子どもを「何とかしたい」とやきもきする親や教師を「私」の仕事や子育てのマイナス評価と捉え、それゆえに何とかしたいと考えるなら、それは自分の問題を子どもに背負い込ませてしまっている。また、「子どものために私が何とかする」と抱え込みすぎれば、本人の領域を侵すことにもなる。

どんなに幼くても、子どもは「自分の問題」をその手につかむ力がある。不登校にかぎらない。教育でいちばん難しいのは、真摯に関わりながらも、子どもの問題を子どもに返していく、そのバランスかもしれない。

（二〇一六年九月一一日）

「コミュ障」なんて問題ない

「コミュ障」という言葉がある。ネット用語で「コミュニケーション障害」の略だという。といっても、言語に障害があるとか、勉強面や教師との意思疎通に問題があるわけではない。特に中学や高校において、休み時間などに友人同士で盛り上がることができないなど「雑談をノリで楽しむ」ことが難しい事態を揶揄的に示す表現のようだ。

「コミュ障」だと、何が問題なのだろうか？　本人にとって特に問題とはいえないだろう。これは学力をはじめとする学校の公的な評価とは無縁であり、「コミュ障だから希望の進路がかなわない」などといったことは基本的に起こらない。

例えば「社会的に成功している」と見なされる職業である「医者」や「大学教授」には、対人能力が高いとはいいがたい「ああ、この人は学校のお昼休みにずっと一人で本を読んでいたのかな」という人が少なくない。「友達とわいわいやる」経験は、あれば楽しいが、なくても致命的ではない。

であれば周囲にとって不利益があるかというと、そうとも思えない。「雑談をノリで楽しむ」ならば、それができる相手とすればよいだけだ。

だが「コミュ障なんて言うだけくだらない」と一蹴できるものでもない。学校のクラスという日常を生きる子どもたちの間では、どうしようもなく「気になる」言葉である。なぜなら、それは「教室のなかで存在価値が低い」ことを示す言葉だからだ。

現代社会では、子ども・若者たちは普遍的な価値基準で評価される機会が乏しい。教師にほめられても、その権威は失われている。勉強をがんばっても、将来の見通しは不透明だ。それらは自分を支える土台にはならない。だから「私は価値のある存在」と確認しようと思えば、身近な人間関係のなかで「自分は受け入れられている」という感覚に頼るしかない。

そしてその人間関係は、文学や将来の夢といった「内容」について意見しあう人間関係なのではなく、話題は何であれ同じ「ノリ」で会話を続けることを重視する「感覚の共同体」（土井隆義『〈非行少年〉の消滅』信山社、二〇〇三年）なのである。「コミュ障」とは、この共同体のメンバーとしてふさわしくないという意味をもつのだ。

そう考えれば、誰かを「あいつコミュ障だよな」と名指すとき、その人を「下」に見る格付けや、排除が行われていることがわかる。これは「スクールカースト」や「いじり」を介して容易にいじめに接続していくだろう。「コミュ障」であることが問題なのではなく「あいつコミュ障だよな」と名指す態度こそが問題といえる。

さらにいえば、そもそも空気を読み「ノリ」を共有して盛り上がるのは、コミュニケーションとはいえない。なぜなら、そこでは異なる相手との意思疎通が図られているのではなく「私たち、同じだよね」というメッセージがやりとりされているにすぎないからだ。学校の教室で一日の大半を過ごす生活は、いくら圧倒的に思えても、ずっとは続かない。人はいつか、より広い世界の中で「ノリ」どころか文化や言語さえ異なる相手と対話しなければならない局面に出会う。重要なのはそれができることであって「コミュ障」かどうかは関係ない。

（二〇一六年一〇月一六日）

生をさいなむ職場にNO

二〇一五年末に過労死した電通女性社員の事件では、長時間労働やパワハラ、残業時間隠しなど労務管理のまずさがあらわになった。同じことは過去にも起きており、電通は強制捜査の対象となった。遺族となった母親の言葉はあまりに重かった。「愛する娘を突然亡くしてしまった悲しみと絶望は失ったものにしかわかりません。だから同じことがくり返されるのです」

厚生労働省が初めてまとめた『過労死等防止対策白書』によれば、勤労者の心疾患による死亡および自殺の総数は減少している。年間総実労働時間は、非正規社員を含めた全体では減少傾向にあるが、正社員のみで見ると高止まりだ。一方で、顕著な増加傾向を示すのは職場の「精神的なキツさ」に関わるデータだ。精神障害の労災請求件数は、一九九九年度の一五五件から二〇一五年度の一五〇五件へと、約一〇倍になっている。また、民事上の個別紛争相談に占める「いじめ・嫌がらせ」の相談件数も、二〇〇二年度に約六六〇〇件だったのが一五年度にはやはり約一〇倍の六万六六〇〇件になっている。そして「自殺」は、日本では一五歳から三九歳の若者の死因のトップである。

長時間労働が工業化時代「昭和」から続く日本の職場の闇だとすれば、少数精鋭化された正社員を「できて当然・できなければ責められて当然」と見なし精神的に追い詰めるのは、ポスト工業化する「平成」の闇だと言えるだろう。電通女性社員はこの二つが重複する過酷さの中で命を奪われた。

昭和の闇と平成の闇は、共に現れる場合も多いが、必ずしもそうと限らないだろう。たとえ残業時間が「過労」レベルに達さなくても、非正規社員であるなどのため継続的な長時間労働をしてはいなかったとしても、日々、仕事に関して能力や人格を否定する言動を浴びせられれば、人は壊れていく。

「その程度の仕事で精神的なストレスとは、今の若者は弱い」と考える年長世代は多い。だが、それは根本的に現代の若者がおかれた状況をわかっていない。

まず、コスト削減と厳選採用のなかで、仕事量と責任は増え、職場の緊張感は増している。さらに、大学の教員をしていて感じるのは、過酷な就職活動を経て正社員になる若者が、多くの場合、採用されたこと自体に「感謝」の念を持っていることだ。これは「会社のために尽くすことは当たり前」「できないのは自分が悪い」という「負い目」の気持ちと地続きである。逆にいえば「自分の生活が大切、仕事はそこそこでよい」と考える人は、採用の時点でふるい落とされてしまう。

つまり、若者はあらかじめ仕事と自己との距離がとれない状態にされたうえで、パワハラなどで「無能さ」を突きつけられるのだ。それが人の自尊心をどれほど傷つけ得るか。社会はもっと想像をめぐらせてよい。

仕事とは何だろうか。本来それは、自分の生活を支え、社会の役に立っていることを実感し、ステップアップを感じ、職場の仲間との助け合いの関係を培っていくものではないのか。ところが逆に「生」をさいなむ職場が多すぎる。

働く人の「生」を豊かにする職場を。そんな当然の願いを「甘え」「ぜいたく」と退ける社会に、明るい展望は描けない。

（二〇一六年一一月二〇日）

「体罰」、ホンネで対話を

二〇一二年一二月、大阪市立桜宮高校の男子生徒が体罰を苦にして自殺した。自殺から四年がたつが、教育における体罰は、いまもやまない。

最近では日本大東北高校の相撲部で、二〇代の男子顧問が、部員をゴム製ハンマーで殴るなどの暴力を振るっていたと発表された。今月初めにも、大阪市の中学校で女子バレーボール部の顧問による部員に対しての髪の毛をひっぱる・蹴るなどの暴力行為が発覚したばかりだった。

体罰批判の声は高く、体罰が発生する「土壌」についての分析もなされている。例えば、スポーツ強豪校の勝利至上主義や、体罰を受けた側が振るう暴力の連鎖、内面の成長より表面的な規律正しさを重視する教育など、重要な指摘は多い。

しかし、そうした「正しい批判」にもかかわらず、体罰事件はくり返される。背景の一つに、体罰批判を「タテマエ」としては受け入れつつも、「ホンネ」の部分ではそれを容認する人びとの態度がある。

桜宮高校の事件を受けて産経新聞社などが実施した体罰に関する世論調査（二〇一三年）では、「場合によっては仕方ない」が五七・九％で「一切認めるべきではない」の四〇・三％を上回った。ここでは、体罰の完全禁止を「現実的ではない」と見なす生活者の視点が示されている。

ただ、人びとが何を「体罰」だと思っているかは、さまざまであり得る。「場合によっては仕方ない」と容認する人も、けがや死亡につながるような体罰まで肯定するわけではないだろう。体罰容認派の念頭には、次のような現場主義的な問いがあるのかもしれない。「暴力を振るう生徒を押さえつけて制止させる場合も体罰になるのか」「宿題を忘れて正座させるのもだめなのか」

実はこれには既に答えがある。文部科学省は認められる「懲戒」と禁止される「体罰」の境界を、参考事例付きで解説しているのだ（学校教育法第一一に規定する児童生徒の懲戒・体罰等に関する参考事例）。それによれば、暴力制止のケースは「正当防衛」として認められる（＝体罰ではない）が、正座は生徒が苦痛を訴えた後も続けさせれば体罰になる。

体罰を肯定・否定する以前に、「何が体罰にあたるか」を知識として共有しておく必要がある。すべての教師・指導者は、非常勤やボランティアで指導に携わる者も含めて「教育現場で何が許されないのか」を研修で学ぶことが徹底されるべきだろう。

とはいえ現実には「何が体罰か」の境界は非常に曖昧である。曖昧さを前提にして、その都度対応するしかない。だから、研修以上に重要なのは、教師・親が「体罰」に関して持っている個々の考えを率直に話し合える関係・場をつくることだ。

職員会議やＰＴＡで、私たちは「体罰」について語り合えるだろうか？「体罰は悪い」。それがいかに正しくとも、正論をくり返すだけでは「ホンネ」としての体罰容認論は残り続ける。

過半数が体罰を受容するこの社会で、大人である私たちが変わっていくために、異なる意見や感覚を持つ人との対話を通じて自らを見つめなおす機会が求められる。

（二〇一六年一二月二五日）

原発いじめ、「差別」の視点を

福島原発事故で避難している子どもたちが、避難先の学校で「いじめ」に遭っていると報道された。「放射能がうつる」「賠償金があるんだろう」などといった言動を浴びせられる点に特徴がある。横浜では、福島から自主避難してきた小学生が数人の児童から約一五〇万円を「おごり」という名目で奪われた。にもかかわらず、教育委員会が「いじめ認定は困難」としたことに抗議が集まっている。被害者や家族の苦しみは決して過小評価されるべきものではなく、抗議はもっともだ。だが、この問題を把握するには「いじめ」という枠組みでは不十分に見える。

いじめとは、文部科学省の定義によれば「子どもが一定の人間関係のある者から、心理的、物理的攻撃を受けたことにより、精神的な苦痛を感じているもの」。ジャイアンがのび太を圧するような「ガキ大将」的なものとは違い、現代のいじめは被害者と加害者に特徴がなく、両者が入れ替わることがあり、見えにくいものが多い。そうした曖昧な輪郭を捉えようとするいじめの概念は、以下のようなポイントを持つ。第一に、学級などの固定化された人間関係を背景に起こる継続性。第二に、いじめる側の「痛めつけてやる」という嗜虐《しぎゃく》性。そして第三に、被害者が苦しんでいるという被害意識だ。

この場合、目指すゴールは「いじめがなくなり、被害者が安心して登校できること」になる。避難先の学校で被害に遭うケースにも、こうした側面は確かにあるだろう。だが、「いじめ」という言葉で表すと抜け落ちてしまう視点がある。

まず、いじめ被害者は東日本大震災の被災者でもあり、加害者との関係は「入れ替わり可能」ではない。そして「放射能がうつる」「賠償金があるだろう」といった誹謗中傷は、学校のクラスにとどまらず、より広い社会の差別に根を持っている。だから、学級からいじめが消えても根本的な解決にはならない。

歴史を振り返れば、既視感がある。広島、長崎の被爆者たちは、「ケロイドが感染する」という偏見にさらされたり「肢体《したい》不自由児が生まれる」と障害者差別とあいまった差別から結婚できなかったりした。熊本の水俣病患者たちも「奇病」「うつる病気」と誤解のもとに迫害され、結婚・就職で差別を受けたほか、水俣の経済を担うチッソの影響の強い地域社会で遠ざけられた。そして「原爆手帳を持っているおまえは医療費がタダだろう」「補償金で建った家だ」などと責められた。

今回のケースは、これらと同型性がある。「差別」の問題と理解した方がよい。ゴールは「いじめをなくすこと」はもちろんだが、そこにとどまるべきではない。

子どもたちが震災と原爆事故についてより深い知識を身に付け、被害に遭った人たちへの想像力を持てること。さらには「自分には何ができるだろう」と問題を引き受けられるようになること。本当のゴールはそこではないか。まずはそこに導くことができるだけの知識と度量を大人たちが体得しなくてはなるまい。

「差別」の周辺にはしばしば、わかりやすい正しい言葉のみでは理解できない複雑な文脈がある。その複雑さも含めて、被災者・被害者の語りに耳を傾け続け、学び続ける必要がある。

（二〇一七年二月五日）

「ただ在る」ことの大切さ

子ども・若者の生活に、さまざまなことをする「ための」場所が増えている。

一つの例は、主に共働き・ひとり親家庭の子どもが生活する保育園や学童保育だ。もともと「勤務中の保育の確保」という親のニーズから始まり、「親のいない昼間、子どもが無事に生活する」だけで意味があった。ところが近年では、市場化の流れにより、「指導員が英語で話しかける」などの付加価値をアピールするものが増えている。そこでは親たちは、単に「欠けた保育を補う」にとどまらず、習い事という積極的な意味を見いだすことができる。他方、子どもにとっては、ただ生活するだけでなく、何かを身に付ける「ための」場所となる。

もうひとつ例を挙げれば、私の勤務先でもある大学だ。授業では飽き足らず「もっと学びたい」という学生のために「課外の学びの場」が用意されている。留学やボランティア活動、さまざまな資格取得などのサポートも充実している。何かやりたいと思えば、その「ための」受け皿は多様にある。一方で、「何かしなければ」という焦燥に学生たちはさらされているように見える。

選択肢が増えること自体は望ましい。先に挙げたような選択肢は、ひと昔前にはなかった。保育施設は「プラスを生み出す場」ではなく「マイナスを補う場」であったし、大学はあくまで学問をする場であってそれ以外は関知しない、というスタンスだった。利用者の多様なニーズをくみ取る近年の状況は、だから、ある種の利用者にとっては望ましいはずだ。

だが、「何かのためにする」ことばかりが称揚されて、「ただ在る」ことがその価値をおとしめられるなら、息苦しくはないか。

子ども・若者には「何の目的もなくただそこに居て、話に耳を傾けてもらい、目的や能力にかかわらず存在を認めてもらう」場所が必要だ。なぜなら、多くの子ども・若者は「私はこれがしたい」という目的・ニーズを、あらかじめはっきり持っているわけではないからだ。そしてそのような個人の目的・ニーズは「ただ在る」場や関係のなかで、ふとしたきっかけや偶然の積み重ねによって、形成されていくものだからだ。

大人たちに思い返してみてもらいたい。自分のこれまでの人生は、もともとの目的や計画にどの程度沿ったものだっただろうか？

偶然の出会いや気づきによって、思わぬ方向に目的が変わったことも、少なくなかったのではないか？　明確な目的を持って人生に取り組むことも大切だが「ただ在る」という目的の「空白」も、同じくらいかそれ以上に大切だ。

しかし、「ただ在る」ことの重要性は認められなくなってきている。例えば、学校の保健室はこれまで「保健室登校」という言葉があるように、不登校の子どもでも行ける学校の中で唯一「ただ在る」ことが認められる空間だった。しかし近年では「病気ではないなら、居てはだめ」と、目的外利用を規制する学校も少なくない。これでは、生きづらさを感じる若い人の一つの居場所を奪ってしまう。

常に何かの「ため」に働いている状況は、疲れる。効率や便利さばかりを求めるのではなく、「ただ在る」ことの意義をもう一度見なおしたい。

（二〇一七年三月一二日）

「○活」の孤独

大学生の就職活動（就活）が本格始動している。学生から「チェックしてください」と手渡されるエントリーシートには「私の強み」「大学時代に頑張ったこと」などが並ぶ。私とは何か。私は何を求めるのか。それらを文章にしながら、一人一人の大学生が「私」

に向き合っていく。

就職は、もはやほっておいては自然に達成されないゴールだ。だから学生たちは、努力と情報収集で不確実な世界を泳ぎきろうとする。

就活だけではない。「〇活」と言われるものにはそういう側面がある。婚活（結婚）、妊活（妊娠）、保活（保育園）、終活（葬儀・墓）。これらは「フツーに生きていればいつの間にかそうなる」ものではなくなっている。私たちは、その一つ一つに対して、自分のニーズを明確にし、計画を立て、努力するよう迫られている。そしてうまく行かなくても、自ら招いた結果に耐えるべきだと思わされている。それは、やや大げさにいえば「個としての自分」をいちいち問われているということだ。

もちろん、そのように自己と向き合うのは並大抵のことではなく、人を人生に対して意識的にさせ、成長させる側面もあるだろう。

だが一方で、これは何と孤独で不自然な営みだろう。どの仕事が自分に合っているか、どんな結婚が幸せか、何歳で何人子どもを持ちたいか。これらのことを一人で事前に決めるなんてできるだろうか。まして、自分がどのような人間であるかなど、明確に言葉にできるものだろうか。そこでは、曖昧で矛盾した、生身の存在としての「人間くささ」は顧みられない。

個々が「選択の結果」として自己をつくり上げることを迫られる。そんな現代社会の特徴を「個人化」と呼んだのは、ドイツの社会学者ウルリッヒ・ベックだった。「確かさ」が社会に見いだせない時代には、人びとは自分が選んで積極的に行動することで、個々人で「確かさ」を調達しなければならない。そこでの意思決定は、決して自由なものではなく、「強制された意思決定」だとベックは言う（再帰的近代化）。就活の自己PRも婚活のプロフィールも自ら主体的に書いているわけだが、そうする他ない面が大きいのも確かだ。

個人化は二〇年以上前から指摘されてきた傾向だ。「〇活」で成功するには、自分のニーズや目的を確固たるものとして自分のなかに思い描き続けなくてはならず、多かれ少なかれ負担が大きい。またそもそも「〇活」の対象は、仕事やパートナーとの出会い、出産や死など、本来決して個人が選ぶことのできないものだ。

だから今、「選べないもの」をこそ、大切にしたいと思う。人との出会いや関係性はその一つだ。個人のニーズや目的は、もとから自分のなかに存在しているものではない。人との対話を通じて次第に形づくられてくるものだ。信頼できる人と話しているときに、「ああ、私こんなことを考えてたんだ」と気づくことは多いだろう。

「自分とは何か」の答えは、人との関係性のなかでつくられる。「個人化」という大きな時代の流れに逆らえないのならば、その個人を豊かにする土壌として、出会いや関係性に可能性を見いだしたい。

（二〇一七年四月一六日）

「仕事のやりがい」にご注意

企業の「働き方改革」が進められている。実際に、残業時間は過去二年連続で減少した。これは望ましい傾向だろう。長時間労働は、過労死・自殺の大きな要因の一つであるうえ、育児などの事情で残業できない働き手を締め出してきたのだから。

一方、長時間労働は一見して「強制」とわかるものばかりではない。リアルな職場の状況を見れば「働く側が望んだ（かのように見える）長時間労働」はめずらしくない。ここでは、特に若者が陥りやすいそうした「働きすぎ」について考えてみたい。

社会学者の阿部真大氏は、「好きを仕事に」した結果、不安定な職場にのめり込んでいく若者を「自己実現系ワーカホリック」と呼ぶ（『搾取される若者たち――バイク便ライダーは見た！』集英社新書、二〇〇六年）。若い働き手には「独り身」で融通が利き、体力があって「夢中になれる何か」を求める人がいる。そんな人が「バイクが好きだから」とバイク便ライダーになったらどうか。不安定な請負契約で肉体的にハードにもかかわらず没頭し、体を壊すなどして行き詰まる――そんな「後先」を阿部氏は描く。

「好きを仕事に」という趣味性だけではない。社会学者の本田由紀氏によれば「自己実現系のワーカホリック」を生み出すトリックは他にもある。例えば「がんばれば売り上げが上がる」というゲーム性、「お客さま・患者さまのために」という奉仕性、「最高の仲間に感謝！」などハイテンションな文句で惹きつけるサークル性・カルト性などだ（『軋む社会』河出文庫、二〇一一年）。

「本人が好きならいいのでは？」と思う向きもあるだろう。だが重要なのは、やりがいが強調される職場は、たいてい給与・雇用の保障が十分でなく、それをメンタルな報酬で補っている点だ。人生は長期戦だから、健康でなくなったり、仕事にのめり込んでもふと熱が冷めたりすることもある。その場合、安定した職場ならば、職場と距離を取りつつ働き続けることができる。だが、不安定な職場の場合、うまく方向転換しないと生活が厳しくなってしまう。

これは「考えなしに選択した本人の責任」として済む問題ではない。背後には、雇用の柔軟化という市場の要請に応えながら、正社員と非正社員の断絶を保持し続ける雇用構造の問題があるからだ。

それを踏まえ、個々の若者にどう働きかければよいのだろう？

私は先日、勤務先の大学の学生に言われた。「バイトは塾講師でやりがいがあります。サービス残業も楽しんでやっています。これ、悪いことですか？」

やりがいがあることと給料が支払われないことは別では、と私は返した。それにあなたは学生だけど、塾で食べているフリーターの講師たちは、同じことができるのかな？サービス残業が常態化したらみんな困らない？と。

若い人には「働き手としての権利感覚」をきちんと持っていてほしい。やりがいは大事だが、それと引き換えに不当なことを受け入れる必要はない。そうやって働き手としての自分を尊重することは、他の働き手を尊重し、職場に仲間を得てゆく土台になる。

そのためには「職場の価値が全て」とならないことが重要だ。周囲の大人としては、若者に仕事の話を聞き、自分の職場経験を語ることで、風通しをよくする手伝いをしたい。くれぐれも「説教」だけは控えつつ。

（二〇一七年五月二一日）

消失するモラトリアム

モラトリアム、という言葉がある。若者の、身体的には大人でありながら、一人前の義務や責任を免除されている状態のことだ。すぐには家族をつくって働いたりせず、「自己とは何か」など答えの出ない問いをぐるぐる考えて一定の時期を過ごす。若者はそうした「モラトリアム」を生きる存在だという社会的な合意がかつてはあり、大学生はその典型とされていた。

だが、現代の大学生を見ていると「じっくり悩むヒマ」を保障されているようには見えない。ある学生は言う。「大学時代に何か「自分はこれ」と言えるものをやっておかないとだめな気がする。バイトか、留学か、ボランティアか……。でも何をしたらいいかわからなくて、焦りが大きくなる」

背景にあるのは、就職活動だ。就活の大変さは「面接官に語れる大学生活」を規定することで、「逆算すると今、何をしておくべきか」と、大学時代全体を「手段」にしてしまう点にある。実際に、企業の応募書類には「大学時代に尽力したことは何ですか」などの項目が並ぶ。

大学も「早めの準備」を呼びかけて「手段化」に拍車をかける。「本分は学業」と渋い顔をしたのは過去だ。少子化が進むなか、就職率は受験生獲得のための重要なＰＲ項目となっているからだ。

結果として、学生たちは、大学に入った瞬間から、四年後の就職活動を見据えて「語れる大学生活」を送るよう迫られる。そこには「人はなぜ働くのか」といった根本的な問いを考えるゆとりはなく、「悩んでいるヒマがあったら今何ができるか考えろ」というメッセージが幅を利かせている。社会の側が個々の若者にモラトリアムを保障するゆとりを失っている、ともいえるだろう。

だが、答えのない問いにじっくりと向き合う期間は、重要だ。その間に若者は、アイデンティティを確立していくための準備ができる。また、個々の生存戦略を超えて「社会はどうあるべきか」という公共的な問いに取り組むこともできる。

私にはときどき、社会のなかでの「悩むヒマ」の総量は一定なのではないか、と思える。「悩むヒマ」は、現代では個々の若者期から失われた分、特定の層の人が一手に引き受けさせられているのではないだろうか。

例えば「ひきこもり」とされる人びとだ。ひきこもり経験を持つ人の手記には、家庭以外の人間関係を持たず、仕事をすることもなく自宅にこもり続けた期間、人生や社会について義憤や自責の念とともに考え抜いた、という記述が散見される。出口の見えないトンネルの中で、たった一人でこれをやるのは難しい。

「悩むヒマ」は、ないと人生が貧しくなるが、長く続きすぎても苦しい。だから、一部の人にしわ寄せするのではなく、すべての若者が持てる方が望ましいだろう。

現在を将来のための手段にせずともよく、失敗してもやり直しが利いて「一見役に立たないこと」をしていても社会的に受け入れられる期間。いわば「ニートになる権利」を、すべての人が一定期間、子ども・若者から大人になる過程で持てるとよいのではないか。

少なくとも「無為に（見える）ときを過ごす若者」に「それではだめだ」とプレッシャーをかけすぎるのは、避けたいものだ。

（二〇一七年六月二五日）

道徳教育、大切なことは？

小学校で来年から「特別の教科　道徳」がスタートする。道徳の教科化は大津いじめ自殺事件（二〇一一年）などを受け、政府が二〇一三年に提言したものだ。だが、教科化が議論されていたときの疑問は解決されないままだ。

そもそもいじめの原因は道徳の劣化なのか。価値の押し付けにより個々の内面の自由が侵されるのではないか。現場教師の負担が増えるだけではないか。「決まったことだから」と思考停止せず、本源的に考え続ける必要がある。

実行の段階では目の前の作業に追われ、視界が狭くなりがちだ。例えば、教科書検定で、あまりにも表面的な修正が要求・実施されたことは記憶に新しい。「高齢者への尊敬と感謝」が不足しているとの検定意見で「おじさん」から「おじいさん」に表記を変えた教科書。「価値の押し付け」以前に、思考停止にも見える。

この「あまりにも表面的」という印象は、教科書を開くといっそう強まる。全体的に「規則を守れ」「感謝せよ」「挨拶はきちんと」というメッセージであふれているのだ。確かにこれらは、政治的・世代的・階層的な立場を超えて否定されにくいだろう。しかし、大切なのは「無難さ」ではあるまい。

では、大切なものとは何か。アメリカやオーストラリアなどの教育現場で小学校低学年向けの哲学系の授業などによく使われる絵本に『たいせつなこと（原題 *The Important Book*）』（マーガレット・ワイズ・ブラウン作、レナード・ワイズガード絵、内田也哉子訳、フレーベル館、二〇〇一年）がある。この本では、子どもにとって身近なものから、その本質とは何かを考えていく。

例えば、スプーンならば「てでにぎれて／たいらじゃなくくぼんでいて／いろいろなものをすくいとる／でもスプーンにとって／たいせつなものは／それをつかうと／じょうずにたべられる／ということ」という具合だ。靴やりんご、空などが登場し、ラストは「あなた」について考える。「たいせつなのは／あなたが／あなたで／あること」

他方、日本の道徳教科書すべてに採用された「かぼちゃのつる」は、以下のような話だ。ぐんぐんつるをのばすかぼちゃはハチや犬に「みんなのとおるみちだよ」などと止められるが「こっちへのびたい」と聞かず道路にはみ出す。挙げ句、トラックにひかれて泣いてしまう。テーマは「わがままをしない」である。

あまりの落差に愕然とする。『たいせつなこと』が存在の本質を見通し子どもの自己を根底から肯定しようとするのに対し、「かぼちゃのつる」は表層的な寓話を通じて自我を世間にとって都合よく曲げようとするのみだ。後者は子どもをなめてはいないか。それぞれの教育を受けた人が後に出会ったら、その差は明らかだろう。

自由で民主的な国の価値教育は一般に「個人のよりよい生」と「社会における共生」を目的とする。共生社会をつくるにはまず「自己が自己である」ことを認めていなければならない。そうして初めて「他者が他者である」ことを尊重できるからだ。この重要性に比べれば、感謝や挨拶などは表面にすぎないだろう。

道徳教育について、子どもの学び・育ちについて、「大切なこと」とは何か。大人の側が問いなおし、軌道修正する必要を感じる。

（二〇一七年七月三〇日）

夏休み明け登校、無理せず

夏休み明けの九月一日は、子どもの自殺が最も多いことが知られている。「無理して学校に行く必要はない。理解者はいる。」八月下旬、不登校支援などに取り組む民間五団体が緊急メッセージを出した。その一つで、不登校の当事者の声を伝えてきたＮＰＯ法人「全国不登校新聞社」は、上野千鶴子さんや樹木希林さんらの話を無料公開して自殺防止を呼びかけた。

子どもが学校に行かないと私たちはつい「不登校はまずい」という前提のもとで、「どうすれば学校に行くのか」と近視眼的に考えてしまう。

だがそもそも、子どもはなぜ「学校に行くべきだ」とされるのか。教育は誰のためのものか。登校した結果、子どもが理不尽な暴力にさらされることになり、まして命を失うことになれば、取り返しのつかない本末転倒だ。「置かれた場所」で枯れてしまうより、「咲ける場所」を探したほうがずっと良い。

実際に、不登校は決して「なったら終わり」というものではない。以下「構造的な視点」と「個別的な視点」から考えてみたい。

まず、全体の構造を見てみよう。中学三年で不登校を経験した子どもが二十歳になったときを調べた二〇一一年の追跡調査では、八五％が高校に進学し、二三％ほどが大学・短大・高専にも進んでいる。これは同年代全体に比べれば確かに低いが、過去の不登校の追跡調査と比較すると大幅に改善しており、全体との差は縮小傾向といえる。

改善の背景には、支援や学校の多様化があると考えられる。現在では、学びやすい通信制高校や特色ある全日制高校などが多く存在しており、不登校経験があっても進学や就職に道が開かれやすくなっている。

さらに「きちんと学校を出ればまともに就職できる」という前提が揺らいだことで、学校に行っている子どもの将来もリスク化している。リスク化は望ましいことではないが、もはや「不登校だから特に将来が不安定」という主張の根拠は薄くなってきている。

次いで、個別的には、不登校後にさまざまな進路を歩んでいった人びとの事例が参考になる。ここでは私の経験を紹介したい。私もまた、小学校の五年半を学校に行かず、家で過ごした「元不登校児」だ。いじめや学力不振などはなく、ただ学校という場所に強烈な違和感があった。中学から学校に行き始め、大学で社会学を学んだ。現在は、不登校の「その後」を研究している。

私にとって不登校は、しんどい経験ではあったが、結果として、研究上の問題意識の源泉となり、それを通じて人や社会とつながっていく土台となった。今、学校に行くのがつらい子どもたちには、こうした話は遠く、響かないだろう。だが、その子の周辺にいる大人たちに伝えたい。

まずは学校から距離を取り、ゆっくり休むこと。そして「味方」と「仲間」をつくること。味方とは、不登校を受容してくれる年上の人であり、仲間とは、似た生きづらさを持ち、ともに試行錯誤できる同年代の人のことだ。

長い人生のなかで、経験の意味は変わる。今抱えている生きづらさが、その子にとってかけがえのない宝、生きる権利となることもある。長期的な視点を持ち、伴走者として、本人が「今」を生きのびて人生を変化させていくのを見守ってほしい。

（二〇一七年九月三日）

安倍教育政策を問いなおす

教育は選挙の争点になりにくい。安倍政権は「教育再生」を「経済再生」と並んで優先課題の一つとして位置づけてきた。だが一般に「アベノミクス」について論じられるほど教育政策は注目されていない。

今回は、安倍政権の教育政策の問題点を見ていきたい。憂慮されるのは、新自由主義的な教育改革により、教育現場の共同性や子どもの学習権が脅かされることである。

新自由主義の教育改革は、大まかには次のようなプロセスをたどる。まず、規制が緩和され、学校に競争原理が導入される。次いで、競争の結果を示す単一基準（全国学力テストなど）がトップダウンで設定され、公教育が序列化される。この結果に基づいて「できの良いものにより多く」予算の効率的な配分が行われる。そうした分断を隠蔽する上で「われわれ国民」という国家主義が活用される。並行して現場には、外部評価と情報公開が求められていく。

安倍政権は、この新自由主義教育政策を着実に進めてきた。まず。二〇〇六～〇七年の第一次安倍政権で実施された教育基本法改正は、改革をスムーズに進める前提を整えた。よく言及されるような「愛国心」の強調など右翼的色彩だけが問題なのではない。

具体的には「教育の目標」として、従来の個を尊重する人間教育に並行して、国家重視の公民教育を掲げた。また「教育の条件整備」に限られていた教育行政権力の限定性を取り払い、教育内容にまで踏み込む下地を用意した。さらに、内閣が策定した教育計画を自治体を通じて現場に実現する上意下達のルートを確立させた。

二〇一二年からの安倍第二次内閣以降では、これに基づき「教育再生実行本部」を中心に新自由主義改革を再始動させた。民主党政権下で実現していた公立高校授業料無償化は、法改正により普遍的給付から選別的給付に変更された。抽出方式になっていた全国学力テストは、みんなが受ける方式に戻された。「グローバル人材育成」など新たな課題に対応しつつ、大学の「経営」化と公教育費削減が進められ、さらに道徳の教科化や教科書検定基準の見直しなど、教育内容への国家主義的介入がなされていった。

結果、何が起こったか。一般会計予算に占める教育予算は、二〇〇〇年代後半以降減少傾向にあり、教育支出は経済協力開発機構（ＯＥＣＤ）諸国と比較しても顕著に低い。教師は非正規化や過重労働にあえぎ、親と共同で教育を担う専門職から教育サービスの提供者に地位を落とした。他の先進諸国がおおむね教育予算割合と教師の賃金を向上させてきたのとは真逆である。子どもの貧困は拡大し、高等教育の私費負担は世界最悪レベルに高く「学習権の保障は親の財布次第」になっている。

それでも、国際学力テストの結果を見れば、日本の子どもたちの学力は高い。対コストで考えればまさに「効率的な」教育ではある。

だが、教育とは誰のための、何のためのものか？　個人の尊厳が重視され、信頼と共同体のなかでつくっていく教育を求めるならば、もう一度問う必要があるだろう。

自民党は、衆院選に向け、消費税の使途を変更して教育無償化・負担軽減化へ財源を充てることをアピールしている。だが、上記のような教育改革の方向性を改めることなく提唱される表面的な格差是正策に、説得力はない。

（二〇一七年一〇月八日）

男女格差、どうする？

世界経済フォーラムのジェンダー格差ランキングで、日本は一〇四位となり、前年より後退した。改善が強く迫られているのは、誰の目にも明らかだろう。

だが上位国であっても、男女格差は相対的に少ないだけで歴然と存在している。ジェンダー格差ランキングでは、政治・経済・健康・教育の四分野が評価される。参加国の平均を見ると、まずは「政治」、次いで「経済」において男女格差が大きい一方、「健康」「教育」では比較的小さくなっている。

「健康」が乳幼児期や老齢期の、「教育」が就労以前の子ども時代の問題であるとすれば、「女性であることの不利益」が見えやすいのは、その中間にある生産年齢、すなわち働くことを期待される時期だといえる。

大まかに「経済」が生産における競争、「政治」がそのルールづくり、「教育」「健康」

が個々の人的資本に関わるとすれば、次のような言い方もできる。個人のちからに多くの差はないにもかかわらず、女性は競争に勝ちにくく、ルールづくりにも参加しにくいと。なぜか。フェミニズムによれば、女性が競争に勝ち得ないのは、弱者の命を世話する「ケア」の営みに従事しているからだ。育児中・介護中の働き手は、弱者に何事かがあれば、いつでも仕事を放って駆けつける。残業よりも夕ごはんの準備が優先だ。そのことによって、職場では「二流の労働力」となる。これは個人の「能力」や「女性らしさ」の問題ではない。男性だって主要なケア従事者になれば、「一人前」には働けない。

人は生まれ死にゆく存在であり、誰かに世話されねば生きていけない。社会の半分は常に、そのような無力さと、無力さへの寄り添いによってできている。根強い男女格差の存在は、この寄り添いを主に女性がしてきたことに関わっている。

問題は仕事の領域とケアの領域が、対立的に見えてしまう点だ。「バリバリ働く女性」が妊娠・出産に際して「キャリアは終わった」と絶望する。彼女の同僚が「何で私が埋め合わせを」と鬱憤をためる。上司は「面倒だ」と嘆息する――。そんな風景はありふれている。

いったんケアの領域に首まで漬かってみれば、他者の生への伴走は、大変だが快楽でもあると気づくチャンスは多い。だが、生産の論理に従うかぎり、ケアの責任は喜びどころか負担としてしか感じられないのが現状だ。

生産の領域とケアの領域に矛盾があれば、大まかな方向性は生産の論理を優先してケアを後回しにするか、その逆かのいずれかだろう。男女格差の是正は、前者の方向性を前提に考えられる場合が多い。例えば「女性も対等に」残業や出張ができるよう育児保育や時間外保育を拡充するという具合だ。短期的には、それは必要かもしれない。

しかし、最終的に目指すべきなのは、ケアに従事する人が、その上で働き続けることができるよう、無力な他者の利益を常に優先し、その上で働き続けることができるよう、生産の論理を変えていくことではないか。それは男性労働者に「ケアの快楽」を味わう機会を確保することにもつながる。

「女性活躍推進」などと言われるまでもなく、女性は活躍してきた。命を産み育てるケアの領域で。真に目指すべきは、ケア領域における「男性活躍推進」である。

（二〇一七年一一月一二日）

自己責任論を超えて

子ども・若者は「教育を受けている時間」が長い。学校体験を通じて彼らは、教科としての知識以外にもさまざまなものを身につける。そのひとつに、根深い「自己責任論」がある。

学校とはどのような場か。競争する。勝敗が決まる。結果を「自分に能力があったから」あるいは「自分が至らなかったから」と引き受ける。つまりそういう場である。学校で過ごす長期間を経て、子ども・若者は「優勝劣敗、負けたら自己責任」と見なす姿勢を身につける。

強く刷り込まれたこの姿勢は、ちょっとやそっとでは揺るがない。「フリーターになるのは自己責任」と一部の大学生は言い放つ。過去二五年、若者の非正規雇用率は増加傾向にあり、低学歴者ほど、女性であるほど、その傾向は強い。「社会構造的要因」を示すそんなデータを見せてもなお、上記のように言う人がいる。

では「誰が」自己責任論に傾くのか。

大学生を対象としたある調査によれば「労働の実態や制度などの知識不足」「成果主義」「労働行政の役割に期待しない」「将来の就職に自信がある」などの傾向が強くなるほど、自己責任論が信奉されるという（筒井美紀「大学の〈キャリア教育〉は社会的連帯に資するのか?」『現代の理論』一八号、二〇〇九年）。ここでは自己責任論は「弱者」であるはずの人を「敗者」として切り捨て、その痛みに鈍感になるための「自分さえよければいいや主義」になってしまっている。

もちろんこれは、子ども・若者だけの問題ではない。何よりも、私自身を含む大人たちが、そのような他者への想像力の欠如と共同性の喪失のただ中にいる。

「自分さえよければいいや主義」は「自ら決定し、行為し、責任を負う近代的な個人」という存在を前提にした自己責任論と違って、実は自らの責任を見つめようとはしない。

近代的な個人とは、たとえるならば、ナメコのようなものではないか、と私は思う。自らを覆うゼリー状の透明なぬめり。それを含めてナメコはナメコである。近代的な個人も、個を成り立たせるさまざまな基盤——家族、職場、地域共同体、国家など——に包摂されてはじめて、独立した個として主体性を発揮することができる。だが、地球規模での市場競争の拡大は、そうした基盤から人々を引きはがし、限りなく小さな単位に個々の人間を切り詰めてしまったのではないか。

ぬめりをこそぎとられたナメコがそうなるように、それは個がむき出しになると同時に、個としてのまとまりがくじかれることである。

「自分さえよければいいや主義」とは、そのようにむき出しになった個の論理であり、自らの拠って立つ足場＝社会を掘り崩すことで、長期的には自己破壊に向かうような生のあり方ではないか。

そうであれば教育が取り組むべきは、個を前提として競争に勝つべく駆り立てることなどではなく、「ぬめり」を再びまとって個になれるような環境を整備することだろう。

自己と他者がともに幸福になれる社会に向けて、選択し、行為し、責任を負うこと。そうしたあり方を「体得」できる場へと、教育現場は変わらなければならない。根源的で、切実な課題である。

（二〇一七年一二月一七日）

「#MeToo」継続のために

セクハラを受けた女性たちが「私も」と声を上げはじめた「#MeToo（私も）」キャンペーン。日本では、小説家の、はあちゅうさんが広告業界のセクハラ被害を訴えたことで、ツイートが増加し、告発が起こった。

性被害に遭った女性の訴えは「#MeToo」以前にもあり、その下地のもとに今回の訴えも存在しえたと考えられる。近い過去では、自身のレイプ被害とそれを否認する社会を告発したジャーナリストの伊藤詩織さんの記者会見・書籍出版を挙げることができる。それ以前には、二〇〇八年に著した書籍でレイプ被害当事者として顔と名前を出した小林美佳さんが、一四年に父親からの性虐待被害を告発したLGBTアクティビストの東小雪さんがいた。彼女たちは「実名で発言することで社会に訴え被害を止める」という思いを語っており、その思いが間欠的に引き継がれていることを感じる。

他方、発言者たちは卑劣なバッシングにさらされもした。はあちゅうさんは「人生で最も心無い言葉を浴びた」と語っており、伊藤さんは記者会見で「シャツの胸ボタンを上まで閉めていなかったこと」を批判されたと明かす。しかし、批判は浅く声高だが、共感は深く個々の胸にしまわれる。彼女たちの発言は、批判を突き抜けて本来の宛先に届けられ、多くの被害者「悪いのは私ではない」と感じる一助となったはずだ。

とはいえ今後は「被害者の勇気ある告発」に頼るのではなく、より多くの人が、可視化されたセクハラに「NO」を突きつけていく必要がある。そのためにどうすればよいのか。二点指摘したい。

一つは、自身の経験や言動を「あれはセクハラではなかったか」という観点から問いなおすことだ。男性の地位を利用した強引な誘い、卑猥な言葉、痴漢などは、多くの女性が経験していることだろう。だからといって、被害者に対して「よくあること、忘れなさい」「防げなかったあなたも悪い」というならば、それは二次被害をもたらす。なぜなら、そうした対応によって、被害者は「人権を侵害された」（＝一次被害）のみならず、「人権を行使するに値する存在である」ことすらも、否定されてしまうからだ。周囲の人が、自己の経験を「あれも許されない行為だったのだ」と再定義することで、全体としての人権意識は高まる。それは結果的に、第一の被害の減少にもつながっていくはずだ。

もう一つは、個々の被害経験の背後にある、全体を貫く構造的な女性差別を認識することだ。現代では女性の生き方が多様化し「女性の利害」を一枚岩では語れなくなっている。「＃ＭｅＴｏｏ」が示したのは、会員制交流サイト（ＳＮＳ）などを通じて「個々の経験を共有する」形であれば、集団的な主張が可能だということだった。しかし、ＳＮＳでの共有は「あるある」という反射的な個人の感覚をよりどころとしており「のど元を過ぎれば熱さを忘れる」ように、時間とともに消えていきやすい。具体的な社会の変化につなげていくには、「個々の経験」の向こうに確実に存在している構造的な女性差別を、「感覚」のインパクトが消えた後も残り得る、リアルかつ「きちんとした言葉」で語っていかなければならない。フェミニズムから得るものは多い。

（二〇一八年二月四日）

新時代の「男らしさ」へ

五歳の息子がテレビ番組のスーパー戦隊にのめり込んでいる。赤ん坊と変わらない紅葉のような手で、おもちゃの剣を振り回し「戦いごっこ」にいそしむ姿は「男らしさ」に疑義を呈するジェンダー論を学んでしまった母にはしんどい。もう平成が終わろうというのに、いったいいつまでメディアは「〇〇レンジャー」を通じて「男＝戦士」の刷り込みを続けるのだろう。

そんなふうに初めは批判的だったのだが、よくよく見てみると、事はそれほど単純ではなかった。「戦うこと」の意味や「男らしさ」のあり方が、長い歴史のなかで変わっていたのだ。

変化を一言で表せば「ヒーローの不在と等身大化」である。スーパー戦隊シリーズが始まるのは一九七〇年代半ば。八〇年代までは「科学戦隊ダイナマン」「超電子バイオマン」など科学の力で敵を撃退するものが目立つ。九〇年代以降「忍者戦隊カクレンジャー」「劇走戦隊カーレンジャー」などオタク的なテーマを体現するものや、動物の野性味を打ち出す「百獣戦隊ガオレンジャー」などが現れはじめ二〇一〇年代までつづく傾向が示される。

「進歩する未来」が信じられなくなった時代、ヒーローたちはもはや圧倒的な強さを備えて絶対的な悪と戦うのではない。身近な興味の対象や内に秘めた個性をよりどころに、仲間と協力して敵に立ち向かい、成長していくのだ。

こうした変化は「男らしさ」の描き方にも見られる。「仮面ライダーシリーズ」の分析をした葛城浩一氏によれば、一九七〇〜八〇年代の「昭和ライダー」では、高学歴でスポーツ万能な文句のつけようのないヒーローが多いが、二〇〇〇年以降の「平成ライダー」になると、主人公がニートであったり、仮面ライダーなのにバイクの扱いが下手だったり、趣味は料理など「力強さ」を感じさせない人物になるという（「ヒーロー像はどう描かれてきたのか」『子ども社会研究』一八号、二〇一二年）。

ところで最近、子どもと一緒にスーパー戦隊の絵本を読みながら、発見をした。最近の仮面ライダーシリーズの新版「ビルド」では、主人公はこれまでどおり敵と戦うのだが、その敵は一枚岩ではなく、敵同士も戦っており三つどもえになっているのだ。まあ複雑な、と見ていたら、なんと新しくスタートしたスーパー戦隊では「快盗戦隊ルパンレンジャーvs.警察戦隊パトレンジャー」として、ヒーロー同士が戦っているではないか。

そこにあるのは「ヒーローの不在」を通り越し、「正義vs.悪」という構図の不在である。スーパー戦隊が誕生してから四〇年あまり。ついに「悪と戦う正義」は失効したのだ。今では絶対的な「正しさ」は存在せず、さまざまな背景を持つ人びとが「自分なりの正しさ」を携えて、それぞれの立場で戦うしかない。

ここまできたならば、とフェミニストの母は思わずにはいられない。「戦うこと」の自明性それ自体を、解体することができないのか。イベントのたびに、おもちゃとはいえ剣や銃を買わされるのはたくさんだ。世界を変えるために「戦うこと」に頼るのは必然ではない。男の子の成長過程における脱暴力化を。例えば「ペンは剣より強い」を体現するような新時代のヒーローが、そろそろ現れてよいのではないか。

（二〇一八年三月一一日）

「弱者」の「敗者」化

「所得の多い家庭の子のほうがよりよい教育を受けられる傾向」をどう思うか。公立の小中学校の保護者に尋ねたベネッセ教育総合研究所と朝日新聞の共同意識調査によると、「問題だ」と見なす保護者は三四・三％と過去最低。「当然だ」「やむをえない」と答えた人の合計が六割を超え最多となった。二〇〇八年には「問題だ」と見なす人が五割超で、こちらが多数派だった。

これを「格差」容認派が増えた、というのはトリッキーである。増えているのは「不平等」の容認だろう。格差は単に差があることを示すが、不平等はその差が「不当」であるという価値判断を含む。

教育における格差は「不当」であるといえる。なぜならそれは、個人が能力や意欲を発揮する以前のスタートラインの差、すなわち「機会の不平等」に関わっているからだ。

同じスタートラインに立って競った結果の差であれば「当然」「やむをえない」と見なす余地は大きいだろう。だが「よーいドン」の時点で、みんなより恵まれた位置を与えられる人がいる一方、後方から走り始めなければならない人がいる状態は、民主主義的価値から見れば問題である。にもかかわらず、容認派が増加している現実を、どう捉えればよいだろう。

上の調査の回答者となった小中学生の親たちは、大まかには四〇代だろう。この世代は「いい学校に行きたい会社に入れば安泰」と受験に駆り立てられ、その「安泰」が揺らいだ一九九〇年代後半以降に社会に出て行った。不当さにさらされつつ競争させられるなかで、「世の中なんてそんなもの」というあきらめと「ともあれ、私は有利に生きのびる」という切り替えの感覚が身についていったのではないか。さまざまな不当さから目をそらさなければ「頑張ろう」と前向きになることも難しい現実がある。

しかし、こうした現状を肯定することはできない。機会の不平等を感知するセンサーが鈍るとき、スタート時点でハンディを負っている人は、本来的には「弱者」であるにもかかわらず「敗者」と見なされていくことになる。教育は、能力主義的な競争という名目を与えることによって「そうはいっても勉強ができないおまえは負けだ」とする「敗者化」とセットだ。上の調査によれば、不平等容認派の背景は、高学歴で経済的にゆとりのある、都市部在住の層である。強者ほど自分のスタートラインの「上げ底」を認めたがらず「勝ったのは自分の能力ゆえ」と思いがち。そんな実態が浮かび上がる。

立ち返って問う必要を感じる。教育は何のためにあるのか。

「自分が将来有利に生きるため」という答えがあったが、教育は個人を豊かにするだけの私的財にすぎなくなる。かつては「国や社会の役に立つ人間になるため」とするならば、そうした言い方のリアリティは、教育が大衆化した現在では失われている。

現代において、教育を、個人の利害を超え他者や社会をつなぐものとして捉えなおすにはどうしたらよいか。考えていかなくてはならない。教育とは本来、「不当さ」をその身に引き受けさせられた他者への想像力を、可能にするものであるはずなのだから。

（二〇一八年四月一五日）

子どもの安全、どう考える？

子どもが暴力の犠牲となる事件が起こると、私たちは衝撃を受け、悲しみと怒りに圧倒される。そして考える。このようなことが二度と起こらないよう、何ができるのか。

多くの場合、そこで取られるのは保護・管理の強化だ。例えば、見守りの強化。子どもだけでの外出の制限。何としてでも子どもの安全を守りたい、という思いは当然だし、短期的な非常事態のもとでは必要だろう。

だが、子どもへの暴力は「不審者にいきなり捕えられ暴行される」ものばかりではない。実際にはより日常に埋め込まれた、いじめ、虐待、性暴力といった被害が多い。これらへの対応を根本から考えるならば、保護・管理の強化は不十分であるばかりか、負の側面を持つ。「〜してはだめ」「さもないと怖い目に遭う」と言われることで、子どもは「自分は無力な存在だ」「世界は恐ろしい」と感じるようになり、元気をなくしてしまうからだ。

では、長期的に見て大切なのは何だろうか。この問いに「子どもの主体性の尊重」と答えるのは、子どもの暴力防止プログラム「CAP」である。これは、三歳から一八歳までの子どもたちを対象に、寸劇などを取り入れながら「皆が権利を持つ存在」「嫌なときはノーと言っていい」と伝えていく。そして、暴力に関する情報や具体的に役立つ対処法を教えていく。そこでは子どもは、守られるだけの受動的な存在ではなく、危険を察知する知恵と身を守る技術を持った、主体的な存在と見なされるのだ。

私たちは、つい「暴力について語ると怖がらせてしまうのでは」と感じ、子どもに情報を与えないという選択をしがちだ。もちろん、過激な暴力描写などを遠ざけるのは当然だが、「あなたは知らなくていい」とされつつ「〜してはだめ」と禁止される経験は、子どもに何をもたらすだろう。そこには、漠然とした暴力の可能性へのおびえと無知、それに蚊帳の外に置かれたような疎外感が生じはしないか。そして実際に危ない目に遭えば、「あの時言いつけを守らなかったから……」と自分を責め、被害を膨らませてしまいかねない。

安全の実現において子どもの主体性を尊重することは、「何かあったら自己責任」と大人並みの自衛を期待することとは違う。子どもは成熟の過程にある弱さを抱えた存在であり、大人によって保護され、教育されることは子どもの権利だろう。

ここで言いたいのは、「暴力から子どもを守る」というプロジェクトに、子ども自身にも参加・協力してもらう、ということだ。

大人である私たちは、あなたたちを守りたいと頑張っているけれど、残念ながらこの社会から暴力はまだなくならない。だからどうか、あなたたちも、自分を大切にし、知恵と勇気を持って暴力にあらがってほしい。そして、人の権利を尊重できる大人になってほしい。そう伝えていくことだ。

子どもの主体性に信頼を置かない管理強化は、おそらく「子どものため」というよりも、大人の側の不安の反映である。

だが、どんなに管理を徹底しても、子どもは必ずそれを逃れて自由の領域をつくり出すだろう。それをとがめるのではなく喜べる、大人の社会でありたい。

（二〇一八年五月二〇日）

非正規社員に権利を

不安定な雇用形態で働く人が多い。労働力調査によれば、非正規の従業員は二〇一七年度では三七%である。私自身の職場である大学は、この問題がより先鋭的に表れる現場だ。データを見てみたい。

教員では、学校基本調査によると五一・五%が非常勤である。専任であっても約四分の一が任期付き（朝日新聞と河合塾による調査）。職員も、半数以上が非常勤であるケースは少なくない。私が勤める関西学院大でも、全職員のうち専任以外で働く職員は五四%を占める。

大学において広がる、少人数教育や、外部資金に基づくプロジェクト型の教育・研究活動、時代とともに変化するニーズへの対応。これらは不安定な雇用形態にある人たちの存在によって実現されているのが現状であり、彼ら・彼女らは、現代の大学の中核を担っているといっても過言ではない。

にもかかわらず、不安定な働き方をする人は、さまざまな不利益にさらされている。給与や雇用保障における差が大きいのはもちろんのこと、日常業務の場面でも、職場ミーティングや飲み会の出席、文書の閲覧など、職場における細かな差別を受けやすい。契約更新の決定権を握っている上司からセクハラやパワハラを受けることもまれではない。

　また、これらの問題に対して意見を言おうにも、連帯がくじかれる要素が大きい。大学の事務職員を例に取ると、非正規職員であっても、派遣、嘱託、契約、アルバイトなどさまざまな立場があり、直接雇用か間接雇用か、契約更新に「三回まで」などの回数制限があるかどうか、などによって分断されている。こうした背景の下では、ハラスメントに対して同じ職場の非常勤職員が声を上げても、連帯するより「自分は声をつぐもう」となってしまいがちだ。これはある面では当然といえる。

　大切なのは、不安定な働き方をする人の収入と雇用を安定させ、労働者としての権利を保障することである。

　学卒時に就職氷河期に見舞われ、非正規で働いてきた世代が四〇代半ばとなる現在、非正規の仕事には生活が懸かっているケースが少なくない。組織の都合で物品のように使い捨てられることを、黙ってはいられない切羽詰まった現実がある。

　こうした問題を放置すれば、配慮を欠く組織は、雇用契約をめぐるトラブルや法的紛争を抱えることになるだろう。そして社会は、その世代が高齢化したとき、多くの生活保護受給者や野宿者に向き合うことになるだろう。

これは非正規で働く個人の問題ではなく、社会の問題であり、個々の職場の問題である。大学でも、日々さまざまな雇い止め問題・ハラスメント問題が起こっている。まずそのことを、私自身を含む専任の教員・職員は知っているだろうか。非正規同士の連帯がその雇用の不安定さゆえに難しいとすれば、この問題に向けて動くことは雇用保障された者の務めともいえる。

「正規職の自分には関係ない」ではなく、「あのとき、何かの弾みで自分も非正規雇用だったかもしれない」という想像力を持つことができたら、職場を変える一歩を踏み出せるのではないか。社会を変えることは、目の前の現実を少し変えるところから始まるのだ。

（二〇一八年六月二〇日）

性暴力被害者に連帯を

二〇一八年六月、英BBC放送が性暴力被害を告発した伊藤詩織氏のドキュメンタリー番組を放映した。タイトルは『ジャパンズ・シークレット・シェイム（日本の隠された恥）』。そこで強調されたのは、性暴力の問題をめぐる日本の後進性だった。日本では性暴力被害者がいまだに沈黙を強いられており、声を上げてもさまざまな二次被害に遭ってしまう現実がある。

「隠された恥」には二重の意味があると考えられる。第一に、いまだ多くの被害者が被害経験を「恥」とされ隠すよう追い込まれていることである。内閣府「男女間における暴力に関する調査」によれば、無理やり性交された経験を持つ女性は七・八％で、そのうち「誰にも相談しなかった」人は、五八・九％にのぼる。第二には、先進国であるはずの日本で起きた「声を上げた被害者」に対する二次被害と黙殺が、いかに「恥ずべき」事態であるかということだ。

上記のドキュメンタリーは、後者の「恥」を白日のもとにさらすことで、真に「恥」なのは被害者の経験ではなく、被害者を孤立させる社会の側だ、とのメッセージを打ち出した。

日本における性暴力被害をめぐっては、法律や支援体制、警察の捜査システムなどさまざまな不備が指摘されている。例えば、刑法の性犯罪規定は一九〇七年に定められた家父長的価値観の色濃いものである。二〇一七年度に改正されたものの、性犯罪を認定する際に「暴力・脅迫」が要件となる点は残った。

多くの先進諸国では被害者の「同意」の有無が重視されており、被害者の性的自由が焦点となっている。日本は、千葉大大学院教授の後藤弘子氏の論考「性犯罪規定の改正が意味するもの」（『現代思想』二〇一八年七月号）によると「不同意」すなわち「意に沿わず無理やり」が周囲の目に明らかなことが、より重要とされている。これは、被害者に「落ち度」がないことを求める発想につながっていく。

この番組の取材で、自民党の杉田水脈《みお》衆院議員は、伊藤氏について「（男性の前で酔って記憶をなくした時点で）女としての落ち度がある」と語っている。杉田氏は最近でも、同性カップルについて「「生産性」がない」などと表現しており、性をめぐる人権意識の欠落の露呈が続いた。

だが考えなくてはならないのは、これが一政治家の愚行にとどまらず、私たちの社会のある側面を象徴している、という点だ。

被害者が純粋無垢な弱者であれば、世間は同意する。だが、ひとたび被害者が主体的に権利を主張し始めると「実は被害者にも非があったのではないか」という疑念が提示され被害者の口をふさいでいく。

この構図が、被害者みずからが被害を「隠すべきもの」と見なす事態を招いていくのだ。伊藤氏のケースは、不適切な薬物使用も疑われており「落ち度」はない。それに被害者は人間であり、失敗もすれば、ずるさや甘えを抱えることもあり得る。だがそれでも、同意の無い一方的な性的接触は、相手の性的自由を踏みにじる暴力である。当然のことだ。この「グローバルスタンダード」を踏まえず不用意な発言をすれば、それは「隠された恥」どころか「恥さらし」であることを、政治家は、そして一部の「私たち」も、知った方がよい。

（二〇一八年七月二九日）

世界は学校の外にも

多くの小中学校で二学期がスタートする八月下旬から九月初めは、年間でもっとも子どもの自殺が多い。NPO法人「全国不登校新聞社」が自殺防止を呼びかけるなど、支援者や大人になった当事者らがメッセージを送っている。

自ら命を絶つ子どもが、「学校か死か」という二者択一を前にして後者を選ばざるをえないほど追いつめられていると考えれば、こうしたキャンペーンが「学校の外にも生きる道はある」と伝えていくことの意味は大きいだろう。私自身、昨年のこの時期、当欄の記事で祈る思いで呼びかけたひとりだ。

ただ同時に、無気力やズレを考えずにはいられなかった。子どもにとって学校とは、望んだわけでもなく「ここで生きろ」と投げ込まれる、圧倒的な日常世界である。学校に行かなくなることは、だから、単に自分の世界から学校という一つのハコが消えるのではなく、世界が丸ごと変質してしまうことにほかならないだろう。

その厳然としたリアリティを、大人たちはどれほど共有できるというのか。また、そのような圧倒的な現実にのまれかけている子どもに「学校の外にも世界はある」と伝えることは、いったい何を意味するのだろうか。それは事実かもしれないが、もしかしたら、「学校がすべて」というかたちで構成されてしまっている子どもの世界を、外側から否定しまう場合もあるのではないか。

迷いを抱えながら、辻村深月さんのファンタジー小説『かがみの孤城』(二〇一七年、ポプラ社)を手に取った。たちまち引き込まれた。

七人の不登校の中学生が、自宅の鍵に吸い込まれて「城」に集められ、望みのかなう鍵を探す。それぞれ複雑な事情を持つ七人は、ぎこちない出会いから徐々にうち解け、助け合いながら「城」の謎に迫っていく。城は子どもたちにとって、不登校になったことで様変わりしてしまった世界からの待避空間、すなわち「居場所」になる。

物語の終盤で、主人公の少女「こころ」は次のように思う。「ひょっとすると、世の中の、学校に行っていないすべての子は、こころのように、あの城に招かれていたのかもしれない」「わすれてしまうだけで、学校に行かない子たちのために、こういう時間と場所が、ちゃんと子どもに用意されていたのだ」

不登校の子どもにかぎらないだろう。学校に通う人も、クラスや部活の人間関係でぎくしゃくしたときなどに、自分の孤独を通じて「城」をのぞき込んだことがあるのではないか。

「城」とは、恐怖の暗黒空間にも、仲間の集う理想郷にもなり得る「学校の外の世界」の比喩だ。

不登校研究をなりわいとしてきた私の周りには、元当事者や支援者、親、教師などの立場から不登校について考える人びとがいる。私たちは、学校に行かない子どもたちに思いをはせながら、この時期、懲りずに発信し続けていくのだろう。「学校だけがすべてではない。生きて、外の世界とつながってほしい」と。

それはいかにも陳腐な、響きにくい表現かもしれない。それでも言わずにはいられないのだ。私たちも、きっと、子どもだった時分に「孤城」をのぞきこんだ一人だったから。

（二〇一八年九月二日）

古くて新しい管理教育

管理教育の闇をテーマにした小説に干刈あがた『黄色い紙』（朝日新聞社、一九八七年）がある。中学校を舞台に、校舎に挨拶させる校則や、軍隊のように厳格な先輩・後輩関係、異様な緊張感のもとで行われる頭髪検査などが描かれる。

「過去の遺物」と思っていたが、とんでもない。荻上チキ・内田良『ブラック校則』（二〇一八年）、内田良『ブラック部活動』（二〇一七年、ともに東洋館出版社）は現在進行形で存在する学校の「異様なルール」を伝えている。

校則で、生まれつきの髪色を黒く染めさせられる。「下着の色は白」などと決められ、教師にチェックされる。部活動は「自主的」なのに強制加入で、辞められない。土日はおろか盆・正月も休みがなく、顧問教師の妻は休日を夫なしで過ごす「部活未亡人」になる……。

しかも、著者らによれば状況は悪化している。かつての「丸刈り」や「水飲み禁止」といった校則が影を潜める一方で、毛髪指導やおしゃれ禁止などはより細かくなり、一〇代など若い世代で経験率が増加しているのだ。また、この一〇年で休日の部活動のための中学教師の勤務時間は増加しており、部活動の顧問などからは「早く負けてほしい」との声も聞かれるという。

もちろん、校則が自由な学校もあるだろうし、充実した適度な部活動を楽しんでいる生徒や教師も多いだろう。だが、全体として見たときに、厳しさを増す傾向がある現実をどう捉えればよいのか。

冒頭に挙げた『黄色い髪』のような八〇年代の管理教育批判の文脈では「画一的・管理的な学校」や「受験競争にあえぐ子ども」の問題が取り上げられた。そして、子ども中心主義の立場から「個性尊重」「多様性」といった価値が提示された。個性を尊重すれば競争は緩和され、学校が多様化すれば不自由な管理はましになる、と考えられていた。

しかし、現在起こっているのは「個性尊重で競争激化」「多様化して管理強化」という事態であるように見える。

前掲の『ブラック部活動』によれば、学校の生徒評価がテスト一辺倒から「個性重視」になったことで、部活動が過酷化している面があるという。学力ではなく生活面に目を向けたとき、部活動はその子の個性をアピールする格好のポイントだ。学校のAO入試などでも、部活動での良い成績が評価される現実があり、試合・大会の重要性は増している。

また、学校が多様化し、保護者に選択肢が開かれるようになると、校則で生徒管理を強化して「わが校の評判」をコントロールする必要も生じるだろう。生徒の背景や進路も多様化しているなか、まとまりを保つため、一括管理の必要性が現場で意識される局面も増えているのかもしれない。

個性化・多様化が管理や競争からの解放にはつながらなかった現実を見据えつつ、今もう一度、反管理教育、子ども中心主義に立ち返って根底から考えたい。

子どもの人権を侵害する校則が存在し続けて良いのか。生徒や教師の健康や生活のゆとりを犠牲にしてまで競争に追い立てる意味とは何か。市民社会の価値に照らして明らかに理不尽なルールが学校でまかり通っているのであれば、止めなければならない。古くて新しい課題である。

（二〇一八年一〇月七日）

日常から考える外国人問題

「労働力を呼んだら、来たのは人間であった」。外国人労働者と受け入れ国の課題をめぐって、しばしば言及されるスイス人小説家の言葉である。

今月八日、外国人労働者の受け入れ拡大を図る改正入管難民法が成立した。一方で、日本に住む人の多くは「自分の暮らしに大きく関わる」とは思っていないのが現状ではないか。だがこれは、政治家だけが考える問題ではない。

やってくるのは「人間」である。いや、すでに二五〇万人を超える外国人がこの国で生活している。人間は働き、学び、子どもを産み育て、地域と交わる。異文化の人間の増加は、隣人である私たちが、日常のなかで変化を迫られることを意味する。

あえて卑近なところから考えたい。例えば、日本の小学校のＰＴＡには「任意参加だが、必ず何かの役を務めねばならない」という、日本人でも理解不能な慣例が少なくない。それを外国人の保護者にどう説明するのか。共生をめざすなら、まずは日本人保護者たちがＰＴＡとは何かを考え、わかりやすいルールづくりをするしかないだろう。

個々の多様性を認め合うためには、制度は「暗黙の了解」に頼らず、明確なルールを持つ必要がある。それを実感したのは、二〇一〇年代の半ばに、家族を連れてオーストラリアに留学したときだった。一九九〇年代以降の新自由主義の流れのなかで、リベラルな多文化主義は退潮し、移民の選別や国家統合の強化が進んだとされるオーストラリア。それでも「多文化主義とはこういうことか」と、はっとさせられることが多かった。

印象的だったのは、私が住んだ南オーストラリア州では、子どもと関わる仕事をするためには、たとえボランティアであろうと、児童虐待防止のための研修を受けなければならなかったことだ。

育児や保育の価値観は、文化的多様性が大きい。例えば子どもの髪に触れるしぐさが、「なぐさめ」「侮辱」「セクハラ」いずれの象徴にもなり得る。上記の研修では「子どもに関わる際に身体に触れない」ことがマニュアル化されていた。私のような、子どもが泣いていればつい「どうしたの」と頭をなでたくなる「日本人の女性」には、共感できないルールであったが、とにかくわかりやすかった。「何がだめか」はすべて平易な英語で明文化されていたのだから。

生活者としての外国人を受け入れるなら、先に挙げたPTAのような日本社会の「暗黙の了解」を見直し、「明確なルール」にしていくことが求められる。そしてそれは、受け入れる側が「何のためのルールなのか」を丁寧に話し合い、言葉にすることを通じてやっていくしかない。

さらに、相手に対するルールの設定は、共生に向けて自らが変わることとセットで考えなければならないだろう。例えば、野放しにされている「〇〇人は民度が低い」などといった発言を、明確に「差別」だと認識し、少なくとも公的な場からは完全になくす合意形成と啓発が必要だ。

差別が消えることはないだろう。オーストラリアでも、外国人労働者の三分の一が最低賃金の半分以下で働くなど、移民に対する差別は根強い。だが重要なのは、それを差別だと認識し、是正に向けて尽力することだ。「人間」としての外国人との共生は、私たち自身の変化を抜きにしては達成されないのだから。

（二〇一八年一二月一六日）

出生前診断の是非を超えて

新出生前診断ＮＩＰＴのスタートから五年が経過した。六万人以上の妊婦が利用し、異常が確定した九割が中絶した。採血という簡単で安全な方法と九九％の高い精度が利点とされ、今後の実施拡大が見込まれている。

出生前診断をめぐってはさまざまな意見がある。「命の選別であり望ましくない」「カップルの選択肢が増え望ましい」「技術が進歩したのだから仕方ない」「諸外国ではすでに一般化していること」などだ。

「仕方がない」「他もやっている」と現状肯定し「障害者や妊婦という特定の人に関わる話」とやり過ごすなら、何も考えないのと同じだろう。難しさを受け止め、この社会を構成する個々の問題として考えていかねばならない。

認識すべきなのは、出生前診断という中立的な名称は欺瞞《ぎまん》であり、実際には「中絶のための検査」になっていることだ。「特別なニーズを事前に把握しておくため」などの理由が挙げられることがあるが、異常が見つかった後の中絶率は日本だけではなく欧州や米国などでも九割以上とされる。そもそも、胎児の染色体疾患を判定する狭義の出生前診断は、中絶が可能である妊娠初期にしか行われていない。

背後には、優生思想に基づく医療・保険制度を通じた国家管理がある。これまで障害者の生活支援に割かれる予算を大幅に上回る金額が、出生前診断の開発に充てられてきたとされる。すべての妊婦に母体血清マーカーが無料提供されている英国をはじめ、出生前診断が公費で幅広い妊婦に利用可能になっている国は少なくない。出生前に個々の判断で中絶してもらった方が、出生後のために医療・福祉を整備するよりも「安くつく」という考え方が根底にある。

一方現場では、こうした構造よりも、個人の選択や倫理が問われる。命の選別の責任は、国家ではなく、ひとりひとりの妊婦に負わされるのだ。これはおかしい。

そう考えれば、障害者との共生環境が整備されておらず「人に迷惑をかけるな」と暗黙裏に威圧される状況を放置したまま「出生前診断に賛成か、反対か」を問うても不毛である。それは本当の問題を見えなくしてしまう。

何より優先されるべきなのは「安心して障害児を産み育て得る社会」の実現である。いくら精密な出生前診断が整備されても、多くが「中絶するしかない」と思うなら、自由が増えたことには決してならない。

さらに重要なのは、「安心して障害児を産み育て得る社会」は、多様な生を包摂する点で、多くの人にとって生きやすいということだ。

現代社会では、「妊活」「終活」など、生をめぐるさまざまな局面での計画的な振る舞いが推奨される。子育てにおいて「将来のリスク」に備えて習い事や受験に駆り立てる親は一般的であり、胎児の「質」の管理はそれと一続きといえる。だが、個人による計画・統御は自己責任と表裏一体であり、望ましくない結果は個人の失敗として引き受けさせられる。それは苦しくはないか。

人生にコントロールできない局面は多い。いま健常な人も予期せぬ事情で障害がある人になる可能性はあるし、どんなに備えても老いれば誰もが人の手を必要とする。支え合って生きることが当たり前とされる社会は、誰にとっても必要なはずなのだ。

（二〇一九年二月三日）

女性活躍、カギは家族にも

カップルの家事育児分担は、古くて新しい課題だ。

男女平等が一部のフェミニストの主張にすぎなかった時代から見れば、内閣府が「家事場のパパチカラ」というポスターを作り「イクメン」が流行語になる現代は隔世の感がある。さまざまな意識調査では、「男は仕事・女は家庭」という性別役割分業意識は減り、乳幼児を持つ父親の家庭への貢献意識も高まっている。一九九〇年代には専業主婦家庭を共働き家庭が上回り、働く妻・母は当たり前の存在になった。

他方、男性の家事育児時間は九〇年代からあまり増えていない。社会生活基本調査によれば、男性の一日の家事育児時間は一時間強で、共働き妻や諸外国の男性と比べても圧倒的に少ないままだ。男性の育児取得率も、増えたとはいえ約五%にすぎない。

理由として、長時間労働が挙げられることが多い。しかし、これは統計的に支持されないという。藤田結子『ワンオペ育児』（毎日新聞出版、二〇一七年）が紹介するデータを挙げよう。同じくらい長く外で働いている妻は、家事も育児も夫より週あたり一〇時間多くやっている。そのうえ、労働時間の短い夫が子どもの食事などの世話をするようになるかといえばそうではなく、増えるのは「子どもと遊ぶ時間」である。

こうなると、物理的にできないというより「やらない」のでは、という疑問が湧く。男性の育児参加で多い「子どもを風呂に入れる」にしても、自分の入浴中に妻が風呂に連れてくる赤ん坊を洗い、終われば妻を呼んでぬれたまま渡す、というケースまで含まれるのではないか。これでは妻の負担はあまり減らない。「イクメンもどき」などと言われるゆえんである。

もちろん、競争的な職場や複雑化する性別役割分業意識など、構造的な要因もある。いまの四〇代は、長期不況の最中に成人し、新卒就職率が低く、未婚率が高く、少子化が進んだ団塊ジュニア世代だ。仕事と家庭を持つ男性はそれだけで「勝ち組」の部類といえる。「使える社員」であり続けることで生き残ってきた人が、市場の論理を自ら取り込み、仕事優先になってしまうのは理解できる。

また「女性が働く・男性が家事育児をする」ことへの抵抗はなくなっても、「大黒柱は男性・家のことの責任者は女性」という規範はなお強固であり、共働き妻の過重負担の背景となっている。

変化が求められている。日本の男女格差は世界的に見ても大きく、特に政治・経済分野の不平等が顕著である。特に恵まれているわけでも頑張りがきくわけでもない「普通の女性」が、議員や管理職に「なろう」と思い、実際になっていくには、法制度や職場とともに、家庭という外からは見えない領域の変化が必須だろう。子どもが病気のときに駆けつけるのもPTA役員も全部自分、では「責任の大きい仕事は無理」と考えるのが「普通」だからだ。

「個人的なことは政治的なこと」というフェミニズムの言葉が改めて想起される。女性活躍促進も少子化対策も、家庭のなかの不平等の改善と地続きである。そう考えれば、家事の「見える化」の工夫や分担のための対話の努力は、個人の幸福追求にとどまらず、社会問題を解決する射程を持つ。管理職や政治家には、ぜひ自分の家庭で率先してやってもらいたい。

（二〇一九年三月一〇日）

「失われた世代」の声聞いて

ひきこもり、フリーター、ネットカフェ難民。二〇〇〇年代にそんな「若者問題」を体現していた団塊ジュニア世代（一九七〇年代半ばごろの生まれ）が「若者」ではなくなる時代を迎えた。

氷河期世代、ロストジェネレーションなどといわれたこの世代は、学卒時の最初の就職が深刻な経済不況と重なった。日本的企業の採用システムでは、新卒採用の機会を逃すと正規雇用に参入するのが難しくなる。結果として、非正規雇用率が高く、結婚し子どもを持つ割合が低く、家を離れず親元にとどまり続ける者が多くなった。

二〇年たてば「若者」は中年となる。だが「問題」がなくなるわけではない。例えば先月「中高年ひきこもり」の実態が明らかにされた。内閣府によれば、四〇～六四歳のひきこもり状態の人は全国に推定六一万三〇〇〇人。一五～三九歳が推計五四万人一〇〇〇人だから、より多くがより長年ひきこもっていることになる。五〇代シングルが八〇代の親と生活を共にする「八〇五〇問題」に、この人口の多い世代が参入しようとしている。

若年層では働いて自活することが課題となる一方、中高年層ではより直接的に「親亡き後いかに生きるか」が焦点となる。キーワードは「就労」から「介護」「生活保護」へと移らざるをえない。

だが、団塊ジュニア世代の問題を、貧困という一般的な福祉的関心に回収してしまうことはできない。なぜならこの世代の受難は、二〇〇〇年代の官主導的な雇用規制緩和や、若年雇用を抑制することで中高年の雇用を守った企業の採用行動など、人為的に押しつけられたものだからだ。

「社会の実験台にされ、見捨てられた」。この世代の「声」のひとりである作家の雨宮処凛は言う。「自分たちは「絶滅危惧種」」とも。妊娠に適した年齢を過ぎて「子孫を残せなかった」という意味である（上野千鶴子・雨宮処凛『世代の痛み』中公新書ラクレ、二〇一七年）。

私もそうした世代のひとりだ。三〇代で大学に就職し家庭を持った。だが、奨学金を借りアルバイトを掛け持ちしていた頃の、氷をのみ込んだような不安は忘れられない。同世代の友人には、単身で不安定雇用を渡り歩く人、生活保護を受ける人、無職で親元に居続ける人があり、亡くなった人もいる。彼女ら・彼らはもう一人の自分である。

私たちは「いい学校→いい会社というレールに乗れば安定」とする「昭和」的価値観を刻印されたまま、レール自体が半壊する実態に直面した。時代は「レールにとらわれるな」と「平成」的価値観を称揚し、独創性を発揮して市場競争を勝ち抜くことを要請した。しかしそれが可能だったのは条件に恵まれた一握りだった。「敗者」とされた人は自己責任論を内面化し、心を病んだ。不安定な雇用のもとで働く権利を主張する運動やユニオン、支援活動を生み出したのもこの世代だ。

そんな私たちも中年になった。生きづらさを抱えながら生き残った人びとは、競争の無残さと、支え合って生きる豊かさを知っている。より若い世代に手渡す知恵は蓄積されつつある。

社会は世代の声に耳を傾けてほしい。それは「団塊ジュニアおひとりさまの老後」を豊かに構想すると同時に、次の世代の生きづらさを減じるヒントとなるはずだ。

（二〇一九年四月一四日）

上野祝辞の意図

女性学・ジェンダー研究で知られる上野千鶴子さんの東京大入学式での祝辞が話題となった。東大生ならずとも得るものは多い。上野氏のこれまでの思想との関連から、ポイントを探ってみたい。

祝辞ではスタートラインの不平等に触れ「頑張れば報われる」と思えるのが実は特権的なことだと説かれた。「あなたたちの頑張りを、どうぞ自分が勝ち抜くためだけに使わないでください。恵まれた環境と恵まれた能力とを、恵まれない人々を（…）助けるために使ってください」。この部分は「高貴な義務」すなわち「特権的な立場の人には奉仕の義務がある」とする貴族的な思想と解釈され、注目を集めた。

だが、これを高貴な義務を果たす支配者のすすめとして受け取ることはできない。上野氏といえば『当事者主権』（中西正司との共著、岩波新書、二〇〇三年）などで、障害者や女性、子どもなどの「社会的弱者」に注目し、当事者の自己決定権を擁護してきた論者である。「できない、弱い、未熟」と見なされている存在が、適切なケアを受けながら「私がだれであるか、何をするかは私が決める」とニーズの主人公になれる社会を求めた。その際、徹底して退けられたのが「あなたのためにしてあげる」というパターナリズムである。専門家や親の保護的な態度はときに、よかれと思ってにせよ、当事者を代弁することで、本人の力を奪うからだ。

「頑張りを人のために使って」と「あなたのためにしてあげる」の拒否」は、一見すると交わらない。だが、そこには共通点がある。能力主義批判である。

能力主義は、人を単体で見て「できる・できない」を決める。「できる」とされた人は優位な立場を「頑張ったから当然だ」と考え「できない」とされた人は劣位の位置を「自己責任」と引き受けさせられる。それは「誰の助けも借りない自力だけの勝負」をさせることで個々人を切りはなす、孤独な主張である。しかも実際には、機会の平等はたてまえにすぎず、さまざまな不平等があることがわかっている。

だが『当事者主権』は、ケアを必要とする弱い存在も、他者との関係のなかで支えられながら十全に自分の権利を主張し得る、とした。それは個人を最小単位とするのではなく、支え合うつながりを基礎に置いて人間を考える点で、能力主義を超える発想だ。

今回の東大祝辞は、社会における強者側からも能力主義を超え得るか、という問いかけだったように見える。「つながりのなかで生きたい」というニーズに、ひとりでは生きられない弱者は気づきやすい。だが強者はどうか。「自分は勝ち組」という認識は、弱い他者への共感や連帯の感覚を鈍らせ、果ては自分のなかにもあるかもしれない弱さへの想像力をも奪っていく。それは孤独ではないか。

そのように考えれば、受け取りたいのは「高貴な義務のすすめ」というより「他者とともに在れ」というメッセージである。

学力のみならず「コミュ力」など全人的な「能力」を競わされる現代社会。勝者も敗者も、生きづらさを感じつつ、競争に駆り立てられる面がある。そうであれば、敵対的に競い合うよりも互いの生きづらさに想像をめぐらせ、支え合う道があってよいはずだ。東大生ならずとも、胸に刻みたい。

（二〇一九年五月一九日）

ひきこもりへの対応

ひきこもりという現象に注目が集まっている。「説教をしない」「居場所を確保する」といった対応も、徐々に認知されるようになった。だが、なぜそうした対応が推奨されるのか。そもそもひきこもりとはどんな概念なのか。以下では、不登校の「その後」について考えてきた私の視点から、重要と思われる点を示してみたい。

　不登校とひきこもりは、ともに「病気などの合理的な理由がないにもかかわらず、人が社会とつながらない状態」を指す概念だといえる。一般的に、学齢期の子どもであれば学校に行くのが、大人であれば仕事に行くのが、「当たり前」とされている。それなのになぜか行かず、周囲には理由がわからない。そうした状態である。

　第一に、これらの状態は「あきらかに病的」なのではなく「普通」の延長線上にある。引きこもる人は、「働かねば」と強く思いながらそうできない自分を責め、葛藤する場合が少なくない。これは「まともな大人であれば働くべきだ」という社会の通念をみずから持つからこそ生じる。その意味で、彼ら・彼女らは「普通」の感覚の持ち主である。通常との違いは、「働かねば」と思うほど一歩を踏み出すハードルが上がり、かえって社会参加から遠ざかる、という逆説がある点だ。

「甘えていないで仕事をしろ」という説教が有害なのは、この点に関わる。多くの場合、本人はすでに十分わかっており、周囲がこれを反復することは、「働かねばと思うほどハードルが上がる」という負のスパイラルを強化してしまう。だから「本人のあり方を尊重する」という対応は、単に優しくせよということではなく、社会参加の困難の増幅をストップさせる合理的なあり方なのだ。

第二に「理由なく社会とつながらない」とはあくまでも「周囲にとって理解可能な理由がない」という意味であって、本人なりにはさまざまな理由がある。例えば、引きこもる人のなかには、学校や仕事における人間関係の挫折経験などから、社会とつながることを「自分を壊されること」のように感じてしまう人がいる。そこでは「自分を殺して働くか、引きこもって自分を守るか」という究極の二者択一が生じやすく、「やはり働けない」となってしまいがちだ。

こうした「閉じた極端さ」に風穴をあけるには、経験を共有する他者との対話がカギになる。社会とつながれない本人なりの理由を言葉にしても、無視されたり「それは甘えだ」などと断じされたりすることなく、共感的に受け止められる場。そうした居場所と出合うことで、人は「自分でありながら社会とつながる」という経験にひらかれる。

居場所では金を稼げない、と思う向きもあるかもしれない。しかし、そこで得られる自分は他人に対する信頼は、働くことに先だって必要なものだ。なぜなら、人はみずからの状況を自分の言葉で語り、受け止められることで、はじめて「自分はこうしたい」と未来に向けた堅実な一歩を踏み出せるからだ。

自分の人生を変えるのは自分である。周囲の人にできるのは、当事者の持つ力を引き出すことだけだ。よき支援者であるために、周囲の側も「助けて」と言えるつながりを確保していたい。

（二〇一九年六月二三日）

「夫婦別姓」の先へ

夫婦別姓や同性婚など「結婚の多様性」について積極的に語る政党が増えた。これらを認めるべきだとする主張は、多様性の尊重を是とする時代の潮流にかなっている。そのうえで「結婚に多様性を認めよ」という議論は、その先を見据えている必要がある。

結婚は、性愛を通じた人の結合の一形態であり、家族の基礎のひとつだ。と同時に、カップルのうち収入がないか少ない配偶者に税制上社会保険上の扶養制度があるなど、生活保障の基礎でもある。前者は「個人の自由」に関わり、後者は「生活の保障」に関わる。

夫婦別姓や同性婚を推す議論は、多様なカップルが結婚制度に参入できるようにするべきだと主張する。だが「結婚への自由」のみに注目しては、大事な点を見落としてしまう。

第一に、結婚という制度は、実質的に男性稼ぎ主モデルを「あるべきもの」と規定しており「個人の自由」と相いれない側面がある。税の配偶者控除や国民年金の第三号被保険者枠などの扶養制度は、実質的には片稼ぎのカップルに対して扶養されながら家の仕事を引き受ける方（ほぼ女性）の生活を保障するものであり、性別役割分業の固定化を促す。

これは、女性の経済的依存を深めることで、例えばDVなどに遭っても離婚しにくいような状態をつくり出す。他方、男性の側にも「家族を養えて一人前」というプレッシャーをかける。

第二に、そもそも結婚制度に包摂されない人が増えている。生涯未婚率は二〇一五年で男性二三・四%、女性一四・一%であり、今後の増加が見込まれている。非婚を選択しえないる人もいるだろうが、多くは「いつか」と思いながら機会に恵まれず単身にとどまり続ける人々である。

特に、安定雇用から見放された人は結婚から遠ざかりがちだ。一九七〇年代後半前後生まれの「ロスジェネ」と呼ばれる人々のなかには「結婚なんてぜいたく」「配偶者に扶養されるのは特権」と感じる人も少なくない。この世代は、未婚率や非正規雇用率が高く、親元にとどまり続ける人も多い。彼ら・彼女らは、自活が難しい低収入であっても自分で社会保険に加入しなければならず、難しければ無年金などになるしかない。

つまり「個人の自由」と「生活の保障」の両方の観点から、結婚という制度は時代遅れになってきている。新たな時代に必要なのは、結婚する、しないにかかわらず、自由にパートナーシップをつくり、互助の共同体を構築できるように、制度的な保障を整えることであろう。

家族を超えた互助の共同体を模索する試みは始まっている。シェアハウスなどの共同生活や、農業を基礎に寝食を共にするコミュニティなどの取り組みである。今後は、こうした結婚の外にある多様な共同生活のあり方を認め、保障していく必要がある。

他者と支え合って生きる権利は、結婚する・しないにかかわらず、本来誰もが持ち得るはずのものだ。

「結婚への自由」だけでなく「結婚からの自由」、そして「結婚しなくても安心して生きられる権利」が共に大事である。そこに接続し得たとき、同性婚や別姓をめぐる議論は、家族とは何か、支え合って生きるとは何かを、根本的に問う普遍性を持ち得るのではないか。

（二〇一九年七月二八日）

支援現場の暴力、直視して

「あってはならないこと」が起こったとき、少なくともそれを「なかったこと」にしてはいけない。「なかったこと」にするとき、私たちは被害者に対して二重の罪を犯す。事件を起こした罪と、それを無にする罪だ。

二〇一九年七月、フリースクールで性的被害を受けた女性が損害賠償を求めていた訴訟が和解した。報道によれば、女性は不登校になり宿泊型のフリースクールに参加していた二〇〇〇年から翌年にかけて、成人スタッフからくり返し性行為を強制されたという。女性は当時、一〇代。加害者とフリースクールを相手に提訴したのは一六年で、三〇代になっていた。

長い間、女性の被害は「なかったこと」にされてきた。

「訴えを起こして、自分にできる限りのことをし尽くして闘い、無力ではないと思えた」と女性は語る。被害が「あった」と主張することは、自分が尊厳を持って確かに存在すると示すことだ。

「なかったこと」にしないために、訴訟を起こすなど声を上げる。労力と時間をかけてそれをするのは、常に被害者の側だ。ただでさえ打ちのめされている被害者は、沈黙せざるを得ないことも多く、ほとんどの被害が「なかったこと」にされているのが現状だ。

本来ならば、周囲の側が被害に向き合わなければならない。被害者が上げた声に耳を傾け、応答するのは最低限だろう。だが実際には、被害を「なかったこと」にする圧力はさまざまにはたらく。

特に、今回の被害は生きづらい子どもの居場所であるべきフリースクールで起こった。残念なことに、弱者の受容を掲げる組織であっても暴力は起こる。それどころか、一般社会においてよりも一層「あってはならないこと」と見なされるがゆえに「なかったこと」にされやすい面さえある。そして、弱者救済を銘打つ組織で起こる暴力であれば、被害者の衝撃はさらに大きなものとなり得る。

私には、七歳から一二歳まで不登校の経験がある。フリースクールにこそ通わなかったが、不登校に理解のある人たちの支援的な関わりに救われてきた。大人になってからは不登校を研究テーマとし、学校外の子どもの居場所としてフリースクールに希望を感じて来た。その立場から、自戒を込めて言いたい。

社会運動や支援は、美しい面ばかりではない。学校外の居場所でも、子どもを暴力にさらしてしまう可能性がある。抑圧を憎む人が、抑圧者になることがある。それを直視できるかどうかで、その社会運動や支援の真価が問われる。

事件に時効があっても「なかったこと」にする罪には時効がない。「なかったこと」にすればその罪は、消え去らず関係者のなかに沈澱していき、組織をむしばんでいくだろう。逆に言えば、被害者の主張を誠心誠意受け止め、社会運動や支援の内部でみずからのあり方について批判的に議論していくことで、今からでも対応できる。

不登校の子どもやその親にとって、フリースクールの存在は重要だ。現場には、手弁当で質の高い実践を日々続けているスタッフも多い。だが、くり返すがフリースクールでも暴力は起こり得る。そのことを真摯に受け止め、率直に議論し、対策を練るところから再スタートするしかない。

（二〇一九年九月一日）

学童保育の可能性

「学童保育」を利用する家庭が増えている。学童保育では、親が仕事などで家にいない小学生が、他の子どもや見守る大人とともに放課後を過ごす。「全国学童保育連絡協議会」

によれば、二〇一九年五月で利用児童数は約一二七万人、待機児童は約一万八〇〇〇人で、ともに過去最多だ。

学童保育は保育園ほど知名度がないが、その重要性はもっと注目されてよい。

学童保育では、小学生年齢の子どもたちが、指導員に見守られながら宿題をしたり、おやつを食べたり、遊んだりしている。異年齢の子どもたちが集まり、教師でも親でもない大人とともに放課後の時間を過ごす。習い事のように目的があるわけではないから、のんびりしていてもいい。キャンプやバザーなどの行事を通じて、他の親たちと触れ合う機会もある。雑多なぶん葛藤も起こりやすいが、何とか調整して立て直していく長期的な関わり方が基盤になる。

「教師―生徒」「親―子」という縦の関係ではなく、「仲間」という横、「近所のおじさん・おばさん」という斜めの関係がそこにはある。子育てにおいて地域の関与が弱まり、家庭の比重が増している現代において、これは貴重だ。

社会学者の宮台真司氏によれば、現代の子育て環境には、「親が子供を抱え込みすぎる」という問題点がある。

多くの親は、例えば「有名大学に入れ」などと、自分の価値観に沿うよう子どもをコントロールしようとする。価値の押し付け自体はどんな親もするが、その際、雑多な地域社会があれば「親の言うことがすべてじゃない」と子どもは学べる。だが親子が孤立していると、子どもは親の言葉をうのみにして「勉強ができる人はできない人より価値が高い」などと感じるようになってしまう。すると、多様性のある社会に触れたときにうまくいかず、信頼できる仲間や愛する人に出会えなくなる、という（宮台真司・岡崎勝・尹雄大『子育て指南書　ウンコのおじさん』ジャパンマシニスト社、二〇一七年）。

学童保育は、現代の子どもが、親やきょうだい以外の多様な存在と出会う、数少ない場の一つと言える。

放課後の生活や長期休暇のイベントを通じて、水切りが得意なおじさんや、草笛を作れるおばさん、けん玉が得意な上級生らに出会うなかで、子どもは多様な価値観を知り、親が重視する「勉強ができる」「習い事を頑張る」などが必ずしも「人生で一番の大事」でないと知っていく。

学童保育は、戦後すぐに民間保育の場として草の根的に立ち上がり、働く親たちの運動によって拡充されてきた。その目的は、共働きやひとり親家庭のため「保育に欠ける」子どもに保育を補うものと説明されてきた。

しかし現代では、育児専業の親に育てられれば問題がないとは言えない。学童保育は、子どもたちに「雑多な関係者のなかで育つ権利」を保障することで、「欠けた保育を補う」のを超え、「新たな価値を提供する」場として積極的な意味を持ち得るだろう。

学童保育の運営形態は自治体によってさまざまであり、指導員の給料や保育料、開設場所などの格差は大きい。保育園不足は周知の課題だが、働く親を持つ子どもは、小学校に入学すれば学童保育に行く。その拡充もまた喫緊の課題である。

（二〇一九年一〇月六日）

いじめは「みんな」の問題

神戸市・東須磨小学校の教員間のいじめが世間に衝撃を与えている。「激辛カレーの強要」「被害者の車の屋根に土足で上がる」など明らかになった加害行為の俗悪さに、教師としての資質を問う声が大きい。被害者の受けた損害や当該小学校の子どもたちへの影響を思えば、一市民としての怒りはある意味で当然である。

一方で、制度としていじめの改善に取り組むならば、「高潔な人格であるべき先生が」と教師の聖性を強調したり「絶対あってはならない」と加害者を悪魔のように見なしたりする態度は、かえって現実を見る目を曇らせかねない。

残念ながら教師もただの人間であり、暴力的になることがある。「どこでも起こり得る」ことを念頭に置くと、構造的な問題が見えてくる。

社会学のいじめ研究では「なぜ暴力が起こるのか」ではなく「なぜ多くの場合、暴力は問題にならずに済んでいるのか」と問う。人間は不完全だから、暴力はいたる所で起きる。だが、通常なら周囲の人たちが止めに入るのですぐに収まる。レストランで嫌がる客に無理やり食べさせたら、店員や他の客が「何をするのか」と飛んでくるだろう。道ばたで他人の車の屋根を踏む者があれば、誰かが通報するだろう。逆に言えば、暴力が継続し、エスカレートするのは、誰も止めに入らない・入れない場合である。

つまり「個々の悪質な加害者」に焦点を当てるのではなく、それに適切に介入し、制裁を加えることができない「場の機能不全」を問題化するのだ。いじめを「教室の病」だと喝破した社会学者の森田洋司氏は、いじめを「被害者」「加害者」「観衆」「傍観者」の四層で捉え、中でも「傍観者」の役割を重視した。多数派でありながら何もしないことで、結果的に加害行為を後押ししてしまうためだ（森田洋司・清水賢二『いじめ　教室の病』金子書房、一九九四年）。

被害者が「いじめ」を言葉にするには、いくつものハードルがある。周囲への不信感や加害者に対する恐怖、「自分はいじめられるような存在ではない」というプライドなどにより、嫌だと思っても言えないことは多い。指導と暴力、親密さと悪質さが併存しているようなケースでは「嫌と感じてよいのか」がそもそも曖昧である場合もある。

だから、いじめを継続させないためには、多数派である周囲の反応が重要になる。「自分には関係ない」「被害者が何も言っていないし」と見過ごしていると、「この程度はOKなのだ」と加害者は後押しされる。結果的にいじめはエスカレートし、人権感覚に極めて乏しい「場」がつくられる。被害者にとっては、加害者はもとより、周囲がいじめを容認しているように見えることも、深い絶望と人間不信の源泉になる。

今回の事例に戻ろう。なぜこれほどの加害行為が、被害者の教員が体調を崩して授業ができなくなるまで、野放しにされたのか。被害者や助けようとする同僚の声は、いかに黙殺されたのか。その経緯が丁寧に明らかにされなければならない。加害者を罰して済む問題ではない。

たとえ暴力をゼロにすることが難しくても、「暴力を許さない環境」はつくっていける。それをつくるのは、被害者ではなく社会に生きるすべての人びとの務めである。

（二〇一九年一一月一〇日）

PISA読解力、大人も必要

学習到達度調査（PISA）の読解力が落ちたことが注目されている。参加した七九カ国・地域のなかで一五位となり、八位だった前回調査より下がった。低下の理由を論じるのは手に余るが、以下に感じたことを述べたい。

そもそも、日本の子どもはどのような問題が苦手だったのか。文部科学省によれば、正答率が経済協力開発機構（ＯＥＣＤ）平均より低いのは、例えば次のような問題である。ある商品について、安全性を宣伝する企業のウェブサイト（①）と、別の見解を示すオンライン雑誌記事（②）を読ませ、①と②を比較して評価し、自分ならどうするか根拠を示して説明する、という自由記述の問いだ。二つの文章の内容を把握し、違いを理解することはできる。だが、それぞれの文章を評価し、理由を示しながら主張を展開することが難しい。

この傾向を知って、私には深く納得するものがあった。「そうだよね、そこが難しいんだよね」と。私が思い出したのは、数年前に留学のためにＴＯＥＦＬ ｉＢＴを受験した経験である。これは英語が母国語でない人が大学で学ぶのに必要な英語力を測定する試験であり、読む・聞く・書く・話すの四技能がある。帰国子女などではない私にとって難しかったのは、「話す」と「書く」だ。

問題自体は簡単だ。例えば「大きなお店と小さなお店、どちらで買い物をしたいか。理由を挙げて意見を述べよ」などというもの。

ただし「話す」にしろ「書く」にしろ、何かを主張し、その根拠を示さなければならない。それも「大きいお店がいい、何事も大は小を兼ねると言うし……」といった曖昧な言い方ではだめだ。

そうではなく「私は大きなお店がいい。なぜなら第一に品ぞろえがよいから。第二に広々として気持ちがよいからだ」というように、相手が「なるほど、あなたはそうなのね」と納得できるものでなければならない。

曖昧な言い方をすると「わかる、わかる」と思える人には通じても、文脈や感覚を共有しない相手には通じない。

私の経験では、留学後も、英語にもましてそういうコミュニケーションの形態になじむことの苦労が大きかった。日本で生まれ育ち英語圏に生活したことのある人は、多かれ少なかれ、似た経験をするのではないか。

ＰＩＳＡで問われる読解力は、単に文章を読んで理解するだけでなく、主張の根拠として文章を利用する力を含む点で、これと似たところがあるように思う。つまり、個人の能力だけでなく、「異質な他者に理解されるよう主張する」というコミュニケーションの形態に関わってくるのだ。

こうしたコミュニケーションの形態は、国・地域や階層といった文化に規定される面も大きい。ＰＩＳＡの読解力の結果において、他の教科では日本より下位にある多民族の国が健闘し、日本と並んでいるのも、偶然ではないかもしれない。

読解力低下については多方面から考える必要があるだろうが、少なくとも子どもの能力不足や国語教育を責めて済む問題ではない。

異文化の人を広く受け入れる未来に向けて「異質な他者とのコミュニケーション」を含む読解力なら、日本に住む多くの大人も身に付けなければならないだろう。

（二〇一九年一二月一五日）

グレタさんに学ぼう

地球温暖化と言われれば、体感として思い当たる。私が子どもだった三五年前、盛夏の午前中に三〇度を超えると「今日は暑くなるね」と言い合った。大人になってからは、初秋にも熱帯夜となることが増え、クーラーが手放せなくなった。入学式の花だったソメイヨシノはいつのまにか卒業式の花になった。

地球温暖化は何を意味するのか。二〇世紀後半以降の加速化したペースのままで温暖化が進めば、二一世紀末には産業革命以降の気温上昇は四度となり、サンゴ礁や漁業は深刻な打撃を受けると科学者たちは警鐘を鳴らす。そうなれば、日本では国土の一部が失われ、豪雨災害が増えるという。

温暖化の原因は何か。単純には言えないが、気候変動に関する政府間のパネル（ＩＰＣＣ）第五次評価報告書によると気温の上昇と二酸化炭素排出量には強い比例の関係がある。

高校生の環境活動家グレタ・トゥンベリさんは、今回のダボス会議において、二酸化炭素の排出量を差し引きゼロにするのでは足りず「本当のゼロ」にすべきだと強調し話題を呼んだ。

これを「極端だ」と見る向きもあるだろう。だがこうした言い方の背景には、彼女がスピーチでしばしば使う「カーボン・バジェット（炭素予算）」という考え方があると思われる。気温上昇をあるレベルまでに抑えると決めると、これまで排出されたものも含めたトータルの二酸化炭素排出量の上限が決まる。これがカーボン・バジェットだ。その総量からこれまでに排出された分を引くと「今後の排出量をこれ以下に抑えねば」という値が出る。財布の中のお金が決まっているとき「もうこれだけ使ったから今後は残額でやりくりしないと」と考えるのと同じだ。

二〇一九年九月にニューヨークで行われた気候行動サミットで、グレタさんはＩＰＣＣのデータを引用しながら次のように述べた。気温上昇を六七％の確率で一五度以内にとどめるためには二〇一八年一月の時点で四二〇ギガトンの二酸化炭素排出量が残されていた、それがすでに三五〇ギガトン以下になってしまっている、と。グレタさんの耳元では、コチコチと時計の針が鳴っているのだろう。その時計は「早く有効な手だてを講じなければ、最低限のゴールすら到達不可能になる」と告げている。

二〇一八年「気候のためのストライキ」というカードを掲げてたった一人で抗議を始めた少女は、世界的に支持者を得て環境運動のアイコンになった。その背景には、彼女を教育し励ました大人たちがいた。米誌『タイム』のインタビューによれば、グレタさんは一一歳のときに環境問題について学校で学び衝撃を受け、うつ状態になった。両親は彼女を励ましたが、環境問題について学ぶ過程で「正しいのは娘の方だ」と考えるようになり、肉を食べず飛行機に乗らないなど家庭でライフスタイルを改めたという。

この地球規模の深刻な問題を、日本に暮らす人びとはどれだけ認識しているだろうか。教育やメディアを通じて、子どもたちに伝えているだろうか。「未来を奪うな」と叫ぶ権利すら、日本の子どもたちは保障されていないように見える。「How dare you.（よくもそんなことができますね）」というグレタさんの言葉が重い。

（二〇二〇年二月二日）

二分の一成人式

「二分の一成人式」を行う小学校が多い。一〇歳を迎える学年の子どもたちが「将来の夢」や「感謝の気持ち」を保護者の前で発表する行事だ。

この行事は、保護者からの評判がよい一方で、専門家や親・教師からさまざまに批判されてきた。この行事の問題点を考えることで、人権教育の課題が見えてくる。

先日、私は保護者として娘の「二分の一成人式」に参加した。娘の小学校の様子から、式の概要を紹介しよう。

まず本番に先立って、宿題として親に「生まれたときの気持ち」などのインタビューをする。親は子ども宛てにサプライズで手紙を書く。本番当日は、教室に集まった保護者の前で子どもたちがひとりずつスピーチをする。テンプレート通り「私の夢は何々です。そのために何々をします」と語り、「ありがとう」と言う。その後全員で「一〇歳のありがとう」という歌を合唱。保護者たちは拍手し、涙ぐんでいる人もいる。そして「二分の一成人証書」を持ち帰る。細部は違えど多くは似たようなものだろう。

実施反対派の主張は、大まかに二点にまとめられる。第一は、「親のための行事」になっており子どもの教育は後回しにされるというもの、第二はひとり親など多様な家庭に配慮されず家族幻想を押しつけている、すなわち「傷つく子どもがいる」というものである。

第一の「親のための行事になっている」という批判はもっともだ。もちろん親として感謝されて悪い気はしないのはわかる。だが、子どもにとって適切に養育されることは「子どもの権利条約」でも保障されている権利である。学校の授業なら、ありがとうなんて言わなくても愛されて当然の大切な存在だ、と伝えるべきだろう。親が聞きたい言葉を言わせる場になっては本末転倒だ。

他方、「傷つく子どもがいる」という批判については、「なぜ多数派と異なる家族だと傷つくのか」を問う必要があると感じる。

マイノリティであることは必ずしも傷ではない。以前、オーストラリアの小学校で「自分のルーツ」について子どもが発表する授業を見たことがある。両親とも白人のオーストラリア人の子ばかりでなく、さまざまなエスニシティの子がいた。授業では、多様性を認めて尊重し合うことが目指されている、少数派でも自分のルーツに誇りを持てる土台があった。

ひるがえって日本の多くの学校現場ではいまだに「父・母・子から成るのが普通の家

族」という幻想が強い。家族の多様性はあたかも「触れること自体が差別」であるかのように、慎重に「ないこと」にされている。

だが、言うまでもなく現実は多様である。ひとり親家庭やステップ・ファミリーをはじめ、親が国際結婚だったり、施設で育つ子どももいる。

まずは大人の側がそうした多様性についてきちんと学び、子どもに伝える必要がある。さまざまな事情を抱えていても、人はその環境に育つことを誇り得る。自己や家族についての授業は、「自己の大切さ」を通じて「他者の大切さ」を学ぶ人権教育を兼ねるべきだ。それができないなら、保護者を感動させるためのイベントを、子どもを巻き込んで学校でやる必要はない。

（二〇二〇年三月八日）

家族にも換気が必要？

「気持ちが悪い」。二〇二〇年四月七日の緊急事態宣言についての会見を聞きながら、思わずつぶやいてしまった。傍らにいた小学五年生の娘が「何が？」と問いかけた。以下、娘との会話である。

私「うーん。いろいろあるけど、例えば「皆さん」ってたくさん言ってるのが気持ち悪い。皆さんって誰だろう」

娘「何でそんなことが気になるの？」

私「だってさ、「この二カ月で私たちの暮らしは一変した」「かつての日常は失われた」っていうけど、その「私たち」って、新型コロナウイルスの感染が拡大する前には平穏な日常があった人たちってことでしょ。でも、ずっと前からしんどい思いをしていたかもしれない人もいたんだよ」

娘「例えば？」

私「例えば仕事がなかったり不安定だったりで、先の見えない暮らしをしている人。家や学校で周りの人から暴力を受けている人。そういう社会の中で弱い立場に置かれた人たちにとっては、コロナウイルスのずっと前から命に関わる緊急事態だったんじゃないかな」

娘「ふーん。それで？」

私「だけどコロナウイルスでは、社会的に弱い立場にある豊かな人や有名な人も、感染の危険にさらされているよね。強い人が困って初めて、緊急事態宣言が出されるんだよ。だから、その「皆さん」には弱い立場の人はあんまり入ってないような気がする」

娘「そういうことか。わかったけど、ママ、めんどくさいね」

私「そうかもね。でも本当に思ってることを言おうとしたら、めんどくさくなるもんじゃないの。だって、一生懸命に患者の手当てをしているお医者さんや看護師さんに「外出しないで家にいて」って言われたらどうする？」

娘「そりゃ家にいるよ。感染を増やしたら悪いもん」

私「そうだよね。じゃあ楽しむために外出した人を「自粛が足りない」って非難するのはどう？」

娘「そういう面もあるかもしれないけど……。わかんない」

私「じゃあ、あんたは学校の休校が続いているのはどう思う？」

娘「それは、ちょっといいけど、やっぱり嫌」

私「どんなところが？」

娘「自由だからうれしいけど、友達に会えないのはさみしい。家でママがずっと「勉強しなさい！」って言ってるのも嫌」

私「悪かったね。でもやっぱり自分の気持ちは単純じゃないでしょ。それに密閉・密集・密接の三つの「密」を避けて家にいてくださいっていうけど、家族もある意味で密室なんだよね。子どもと一緒にいられるのはうれしいけど、ずっとべったりだと、息が詰まって、ちょっとしたことで叱りすぎたり、管理しすぎたりしちゃう。これ、止めてくれる人がいなかったら怖いよ」

娘「そうだよ！　本当にやめてよ。家族も喚起してくれ」

やぶへびのように出てきた娘の本音が、ぐさりと刺さる。「家族」も一枚岩ではないのだ。いわんや「皆さん」をや、である。

「緊急事態」を受け止める個々の状況や感覚は多様だ。強調が求められる今こそ、他者の発する違和感を聞き取る耳を持っていたい。「私たち」の団結を、異質なものの排除に横滑りさせず、共同性に開いていくために。


（二〇二〇年四月一二日）

オンライン居場所

テレワーク、オンライン授業、オンライン診療。日常的な場所にインターネットが入り込んできた。私は、ひきこもりなどの経験を持つ大人の人びとが月に一度集まる「生きづらさからの当事者研究会」に関わっている。その立場から、考えている。はたして「オンライン居場所」は可能だろうか？

私たちの会では「就労」や「克服」ではなく、自分の生きづらさについて語り合い「経験を共有する」ことを目指している。緊急事態宣言を受けて利用していた会議室が使えなくなったため、オンライン会議システムｚｏｏｍを利用して定例会を行った。その経験から上記の問いに答えるなら「可能。ただし対面とは別のかたちで」となる。パソコンの画面越しにせよ、人と言葉を交わす機会はないよりあった方がいい。遠方の人や心身がつらい状態の人が、自宅から参加できるメリットもある。

その一方でやはり「対面には及ばない」と感じる点もある。それは「余白」と「身体性」が失われることだ。

余白とは、コントロールの及ばない、思いがけない展開が生じる余地である。私たちの会では、普段の対面状況なら「だらだら話す」なかで、語り手と聞き手が自然に入れ替わりながら連想ゲームのように話題が移っていく。そこに「もとのテーマから外れたけど、何か大事な話ができた」という感覚が生じることがある。取るに足らないことに見えるかもしれないが、当事者が集う場としては、この「ずれちゃったけど。よかったね」という思いを大枠で共有できることが存外大事である。それは「コントロールできなさ」にその場の人たちが身を委ねたという信頼と受容の証しだからだ。

また、身体性は「同じ空間に存在する」ことが持つ意味に関わる。私たちの場では、ときどき「言葉を介さずに身体感覚が伝わってしまう」ことが起こる。例えば、体調の悪そうな相手のそばにいると自分も何だか気分が悪くなってしまうとか「受け止められた」という一人の思いが温かい感覚となって場に共有される、などである。こうした他者の身体が発する情報に身をさらす経験は、時にしんどさを含みながらも「言葉にならないけど重要なもの」への感受性を支えている。それは、生きづらさから自宅にこもりがちな人びとが、他者や社会と関わる動機付けを保つうえで重要であると思う。

「オンライン居場所」では、こうした側面が少なくなる。司会進行役が権限を持ち参加者に話を振るかたちになりがちなので、予想外の展開は生まれにくい。結果として言葉の比重が大きくなり、身体性は後回しになる。

もちろん、オンライン固有の「余白」「身体性」を考えることはできるだろう。「何といってもコミュニケーションは対面が一番」として、インターネットが開く可能性を捨て去るつもりはない。

けれども、究極的には「生きもの」である私たちは、べたべたの濃厚接触のなかで生まれ、死んでいく。だから「オンライン介護」「オンライン保育」は決して可能にはならないのだ。

オンライン化の流れにただ身を任せるのではなく自覚的に使うためにも、「いったい何が変わるか」を、個々の場面に即して考えていく必要があると感じる。

（二〇二〇年五月一七日）

教育は「不要不急」？

二〇二〇年六月、多くの学校が再開となった。新型コロナウイルスによる休校をめぐっては、働く親たちの戸惑いや学力格差への懸念など、さまざまな議論があった。学校が再開されても、続いていく問題は多い。考え続けるためのヒントを探ってみたい。

教育について考える際、難しいのは、教育にはいわば「待ったなしの領域」と「じわじわくる領域」があることだ。

「待ったなしの領域」とは、現在進行形で進む「個々の子どもや親が自分たちの受ける教育をどうするか」というミクロな面である。今回のコロナ休校であれば、目の前の子どもの生活や勉強をどうしようかと考えるのはこの側面だ。

他方で「じわじわくる領域」とは、すぐに変わるわけではないが、長期的に見えれば社会のあり方に影響してくる「子ども全体への教育制度をどうするか」というマクロな面を指す。例えば、学校で学習できなくなれば、その部分を保護者が補える家庭か否かで格差は開く。それにどう対応するか、と考える領域である。

そして、これらは、時に「一方の立場に立つともう一方が見えない」という見通しの悪い関係にある。今回のコロナ休校でもそうだ。「うちの子どもに適した自習教材は何だろう」と悩んでいるとき、「格差拡大を防ぐために何ができるか」という問題への関心は脇に置かれるだろう。逆に「全体の平等のために標準化した教育を」というときは「学校がしんどくて登校再開を喜べない」など、そこから外れる個々の事情は棚上げにされがちだ。

人ごとではない。私自身、小学生二人を育てる親として、休校期間は大変だった。わが家では夫が仕事を休み、同居している私の母の協力を得て家族で野山で遊ぶなどしてしのいだが、こんなことができるのは在宅で続けられる仕事やマンパワーなどの資源があったからだ。

そうではないケースでは、子どもの学びや育ちはどれほど制限されたろうかと胸が痛む。しかも、そうした制限が一時的なものにとどまるかは、今後を長期的に見なければわからないのだ。

「待ったなしの領域」と「じわじわくる領域」の両方を、統合的に見通せる視点が欲しい。具体的には、例えば「子どもの学び育つ権利」という観点から、今回のコロナ休校を問いなおすことは有効であるように思う。

多様な個別性を持つ子どもたちが、自分にとってよい学び育ちのかたちを奪われないこと。同時に、社会のなかの不平等に目を凝らし、その是正に向けて何ができるか考えること。「子どもの学び育つ権利」という価値のもとではその両方が見通せる。

またこれは、政府の対応を検証するうえでも重要な起点となり得る。緊急事態宣言に先駆けて出された一斉休校要請は、専門家による裏づけもなく、議事録もない不透明さのなかで急きょ決定された。これは「教育は不要不急である」と、教育に責任を負う政府自身が示したようなものであり、「子どもの権利」の軽視ではないのか。

教育の「結果」の検証には長い時間がかかる。だが、これほど重要な権利を制限する必要が本当にあったかを、見極める作業は絶対に必要だ。登校再開によって「喉元過ぎて熱さを忘れる」ことがあってはならない。

（二〇二〇年六月二一日）

問題を起こす力

コロナ休校が明けて子どもの習い事が復活し、三カ月ぶりに子育て友だちと立ち話をした。「どうしてた？」「やることなくて、子どもにゲーム、与えちゃってた」「夫が在宅ワークで、家事・育児はしないのに、昼ご飯だけ食べるの、ムカついた」など他愛ない話が止まらない。

普段は決して社交的とはいえない自分が、ハイテンションでしゃべってしまったことが意外だった。私は休校期間中、保育園に行けない一歳児と二人の小学生を抱えながら在宅で仕事をし、何とか乗り切ったつもりでいた。しかし、意識していないところでストレスは相当あったのかもしれない。コロナ以前は、ランチ会で情報交換したり、愚痴を言い合ったりするネットワークのなかで子育てしていた。それがなくなり、家族の中に閉じ込められたのだから無理もない。

この些細な経験から改めて思うのは、しんどい経験と、それに気づくことのあいだには、タイムラグがあり得るということだ。人がしんどさを言葉にできるのは、ある程度それがやわらいだ後であって、渦中にいるときには難しい。

これはさまざまな場面に当てはまる。例えば、脳性麻痺者で小児科医の熊谷晋一郎氏は「痛みはホッと一息ついたところに襲ってくる」と書く（「痛みの当事者研究」『現代思想』二〇一〇年一〇月）。熊谷氏が言及するのは、具体的に悪いところはないにもかかわらず、身体に痛みを感じ続けてしまう「慢性疼痛《とうつう》」だ。昼間は外の社会との関わりに忙しく、痛みを感じないのに、夕方近くなると、思い出したように痛み始める。熱も上がる。そういうことはよくあるだろう。

また、カウンセラーの田中茂樹氏によれば、両親の不仲などの問題を抱えながらも、それを表現できず「いい子」でいた子どもが、セラピストとの信頼関係ができると、それまでなかった攻撃性を表現することがあるという（『去られるためにそこにいる』日本評論社、二〇二〇年）。取り込んでしまった大人の暴力性を、安心できる場で吐き出すことで「こんなに怖かったんだよ」と伝えていくのだ。この場合も、問題解決の糸口が見えてはじめて、秘めていた問題を表出できるようになっている。

コロナによる休校の影響を受けた多くの学校で登校が再開され、一カ月半がたった。「タイムラグ」を踏まえれば、一見、日常が戻り始めたかに見えるとき、多くの問題が現れてもおかしくない。

この間、多くの子どもたちは張り詰めっぱなしだっただろう。休校期間を乗り切ったら、六月からは学校や習い事が一気に始まった。授業の進度は通常より早く、宿題は多く、マスクや検温など新たな日課も加わる。触れあえば「近いよ」と注意され、新しく友だちをつくるのも難しい。

そんななかで何とか適応してきた子どもたちが、ふっと一息ついたとき、「学校に行きたくない」「宿題をしたくない」と主張したり、荒れて騒いだりすることはあり得る。そうしたとき、大人は表面的な言葉や行動にとらわれて、せっかく出てきた問題を抑圧するのではなく、その意味にまで目を凝らし、受け止めることが大事なのだろう。

問題が出てくるのは、ホッと一息ついている証拠かもしれない。「学校よりもしつけよりも、あなたの元気と安心が第一」。そう伝えられる大人でありたい。

（二〇二〇年七月二六日）

性的同意、他者の尊重が鍵

ジャーナリストの伊藤詩織さんが自民党の杉田水脈議員らに対して、民事訴訟を起こした。杉田議員は、BBCが伊藤さんの性暴力被害を取材した報道番組において「女性としての落ち度があった」などと発言したうえ、ツイッターでも同様の内容を投稿しており、今回の提訴では、特に複数の誹謗中傷ツイートに「いいね」を押した行為が「名誉感情損害」にあたるとされた。

「セカンド・レイプ」という言葉がある。レイプ被害者が「あなたにも責任がある」とされるなど、周囲の不当な対応によって二次的に被害を受けることを示す言葉だ。杉田議員の一連の行為は紛れもないセカンド・レイプであり、今回の提訴は「それは法的に許されない」と訴える画期的なものだといえる。

セカンド・レイプを問題化することは、特定の加害を告発することを超えて、性暴力に対するこの社会のあり方そのものに「おかしい」と変化を迫ることである。

もちろん、法的には特定の行為が「社会的に許容される限度を超えているか」を慎重に問う必要がある。だが、被害者の手記などを読めばわかるように、杉田議員のような行為は残念ながら例外ではなく、セカンド・レイプはいたるところに存在している。

「落ち度」を責める心ない第三者はもとより、身近な家族や友人などであっても「大げさでは？」「忘れなさい」と苦しみを過小評価するなど、被害者を追い詰めることがある。告訴して裁判になっても、被害状況の再現が求められたり、被害者の性道徳が執拗に問われるなど、セカンド・レイプは制度に組み込まれてさえいる。そうした社会が被害者に口をつぐませているのが、暗闇の多い性暴力の現状なのだ。

これを踏まえれば「社会的に許容される限度を超えているか」にとどまらず、「それを許容してきた社会」を根本的に問いなおす必要がある。具体的には、性的な「同意」をめぐる社会通念を変えていくことが核となるだろう。セカンド・レイプの多くは「被害者の同意の有無」を証明しようとするなかで起こる。

日本の性犯罪に関する警報では、「暴行脅迫」「抗拒不能」といった要件を満たさなければ犯罪とみなされない。だが、調査では、はた目に見えやすい暴行はなくとも、支配的な関係が先行し、徐々に被害者の逃げ道をふさいで性暴力に至る「エントラップメント（罠に掛ける）型」の被害が多いことがわかっている（斎藤梓・大竹裕子編著『性暴力被害の実際』金剛出版、二〇二〇年)。暴行脅迫の有無にかかわらず、被害者の意志や感情が尊重されていなければ「同意がない=犯罪」と考えるべきなのである。

どういうこと？と思う人には、ぜひ「Tea and Consent（お茶と同意）」という動画を見てほしい (https://www.youtube.com/watch?v=oQbei5JGiT8)。「飲みたくない人、飲みたいか判断できない状態の人に、お茶を入れてはダメ。飲ませるのはダメ。性交も同じ」とわかりやすいアニメーションで解説している。

この単純な性的自己決定の原則を、私たちが徹底し、子どもたちに伝えることができれば、二次的な性暴力も、一時的な性暴力も、減らしていけるはずなのだ。

(二〇二〇年八月三〇日)

対面授業再開の課題

多くの大学で対面授業がおそるおそる再開された。六月に対面授業がほぼ解禁された小中学校に比べると、かなりの時差である。大学で働く一人として、構内で談話する学生の姿を見るのはうれしい。それでもコロナ以前との違いはいたるところにある。

消毒液が置かれ、「三密回避」と書かれた紙が掲示される教室。グループワーク用の机は使用禁止となり、会話しながらの飲食には注意が呼びかけられる。大学生にとって「学びの場」であるとともに「生活・社交の場」でもあった大学は、すっかり町中の大規模商業施設に似てしまった。

しかも、私が勤める私立大学の文系学部では、対面で行われるのは一部の少人数科目だけであり、履修において比重が大きい講義科目は今もオンラインだ。履修者が数百人にもなる講義を収容人数ぎりぎりの教室に割り当てている現状では「ソーシャルディスタンス」など取れるはずもなく、今後もオンラインが継続する可能性は小さくない。

だが、コロナ以前の状態に戻れば問題が解決するわけではない。

もともと、一方通行になりがちな大講義では、学生の遅刻や欠席、私語、「内職」などが横行していた。かつて豪州の大学に行ったとき、講義は規模が小さい上にワークショップとセットであり、少人数での討議を通じて知識の定着をはかるシステムになっていて、うらやましく思ったものだ。「詰め込んで試験が終わると忘れ去る」ような講義の比重が大きいのは日本の大学の課題の一つだろう。

皮肉なことに、こうした日本の講義スタイルはパッケージ化された内容を一方的に配信するオンライン化によくなじんだ。だが、表面的に「何とかなっている」かに見える背後で、問題は深刻化した。意欲的に学ぶ学生がいる一方、多くの学生が孤独や不安を感じ、モチベーションを失っている現実がある。しかも、教員はその姿を私語や「内職」という形で目にすることすらない。「学生間の格差」「双方向性のなさ」など講義科目がもともと抱えていた問題はコロナ禍によって膨らみつつある。

そう考えれば、コロナ以前の環境に戻ることは、現実的に難しいばかりか、望ましくない。新たな状況に対応するとともに、かつての問題を乗り越えることが模索されなくてはならない。

中長期的な展望は慎重に描かれるべきだが、短期的には、何よりも学生のリアリティを尊重した身近な変化を積み重ねることが重要だと感じる。

例えば、大学における「不要不急」を組織だけが判断するのではなく、学生にとって優先順位の高い施設や活動から再開するなど、学生の主張が反映される仕組みが必要だ。それがあれば、学生が「自分たちは尊重されている」という感覚を持ちやすくなるだろう。障害や経済不安などコロナによって悪化した個別の困難に、丁寧に対応することも大事だ。

現在の大学生は一〇年後、二〇年後に大学生活をどう振り返るのだろう。「不十分な教育しか受けられず、留学や学園祭などもなくなり損をした」と思うのであれば、大きな不満が残るだろう。そうではなく、彼ら、彼女らが「突発的な事態は起きたが、それなりに充実した学生生活だった」と思えるために、いま何をすべきか。知恵を絞る必要がある。

（二〇二〇年一〇月四日）

任命拒否問題と「知」の役割

「教育研究に携わる者として、こんな暴挙を見過ごす姿を若い人たちに見せられない」日本学術議員候補者の菅義偉首相による任命拒否に対して、私の勤務先の大学の学部では講義の声明を出した。これは声明発表を決めた会議での、ある壮年教授の言葉である。議論は熱気を帯び、声明はあっという間に複数の外国語に翻訳され、海外にもシェアされていった。

日本学術会議は戦争の反対に基づき、独立性の高い科学的知見から権力の暴走に歯止めをかける指命を帯びて設立された。「その大原則が揺らいでいる」という深刻な危機感はこの一カ月、アカデミアを駆け巡り、二日現在、講義を表明した学会などは七〇〇に迫る。共通して問題とされるのは「政治的な人事介入」と「説明のなさ」である。任命拒否された六人は人文社会科学系の研究者で、安保法や特定秘密保護法に批判的な立場を表明したことがあった。政権に都合のよい人事を行うことで学問の自由を委縮させかねない。

また、菅首相は任命拒否の理由について「人事」を盾に説明を拒み、「多様性の確保」

など矛盾した発言をしたうえ、日本学術会議に対して「既得権益」などと決めつけた。

だが、日本学術会議側がデータで示したように、過去九月で性別や年齢などの多様性は高まっている。会員の推薦は透明性の高い業績ベースで、講演などでは破格の待遇を得るトップ研究者の会議出席での支払額は二万円程度。「会員は年金がもらえる」などの情報はデマであり、「学者の利益団体」どころか「高貴な義務」意識に支えられた手弁当活動に近い。

問題は「説明のなさ」が今回だけでなく、安倍政権から受け継がれていることだ。

社会学者の桜井啓太氏の集計によれば、国会答弁において「お答えを差し控える」と発言された回数は第二次安倍政権以降、大幅に増加している（桜井氏の二〇二〇年一〇月二九日のツイッターから）。もはや「説明せず国民が忘れるのを待つ」がミッションになっていないか、説明を拒否する権力は民主主義から独裁制へと舵を切る。その意味で今回の任命拒否はこの国に暮らすすべての人の問題だ。

他方で、「学者の利権団体」としてバッシングする態度は与党周辺のみならず、より広い周囲の人びとに見られる。その人びとには研究者が「既得権のはく奪に抵抗する特権層」に見えるのだろう。背景には、「知」が多くの人にとって関係ない「個人が有利に生きるための私的財」とみなされてしまっている現実がある。「知」を社会に開き、困難を抱えた人が役立て得るものとして提案していくことは、アカデミズムの抱える大きな課題である。

皮肉なことに、任命拒否と「説明のなさ」によって「知」の重要性はいっそう明らかになっている。データを示して論理的な言葉で語ること。批判に開かれていること。そうした知的態度こそは、安倍・菅政権が欠いているものである。

そして、その不当さを許さず、「またか」と思っても慣れず、選挙において意思表示をしていくのは投票する側の「知」の問題ではないか。政権の暴走に歯止めをかけるのは、日本学術会議だけでなくこの国に暮らす全ての人びとが担い得る役割なのだから。

（二〇二〇年一一月八日）

「生きる力」の意味

「今後『あゆみ』が変わるんだって」。小学校五年の娘が学校からのプリントを差し出した。「テストの点数だけでなく、がんばる姿を見ます」「誰かと比べるのではなく、これまでの自分と比べて改善する姿勢が大事」と書いてある。

小学校では二〇二〇年度から新学習指導要領が実施されている。今年はコロナによる一斉休校があり、通知表配布の時期が流動的になった。娘の学校では一学期、二学期を合わせての評価となり、この時期に新学習指導要領施行後の通知表の変更点が説明されているのだ。説明はありがたいが、正直、空々しさを感じてしまった。

学習指導要領は約一〇年ごとに改訂され、世の中の動きを反映してきた。今回の改訂では、従来の「生きる力」路線に加えて、グローバル化や人工知能（ＡＩ）などの技術革新を踏まえ、社会に開かれた教育課程の重視や主体的・対話的な学び（アクティブ・ラーニング）の導入などが盛り込まれた。

評価については「知識および技能」「思考力・判断力・表現力等」「主体的に学習に取り組む態度」の三つに整理され、その意味も明示された。個人の成績として一喜一憂するのではなく、「これを踏まえて次はどうしよう」と学びや教え方の改善につなげる「ＰＤＣＡサイクル」の一環とされた。このあたりを説明したのが先のプリントだったのだろう。

私が空々しさを感じたのは「競争は相変わらず激しいのに、こんなふうに言われたら抵抗もできないな」と思ったからである。

抵抗が困難になる背景には「生きる力」という言葉がある。ゆとり教育の延長上に登場した「生きる力」は、一九九八年の改訂時には「個性尊重」など、漠然とした子ども中心主義的な言説と結びついていた。だが、その後、ゆとりから「確かな学力」路線への転向を経た二〇〇八年改訂では、学校で教えるべき従来とは異なる能力として再定義されていく。それは予測不可能で複雑化した時代を生きるために必要な主体性や対人能力、問題解決能力を含むとされる。

「自分らしく生きる力」から「高度知識経済を生きる力」へ。いわば、教育理念を子ども中心主義から新自由主義へとスライドさせる煙幕となった「誰も反論できない言葉」が「生きる力」だった。

さらに言えば「生きる力」の強調は「それを欠いては生きられない現実」の強調でもある。現場の学校は、問題解決能力を身につけなければ将来的にＡＩに取って代わられる職にしか就けないぞ、とソフトに強迫してくる。子どもたちは「常に自己を改善する姿勢」を要請され、態度や人格まで評価されていく。

それは息苦しくはないか。しかも息苦しさをぶつける先さえない。何しろ学校は「点数だけでなく、がんばりを見ます」と物わかりの良さそうな顔をするのだ。

「がんばっていることが先生に伝わりにくい子はどうするんだろう。学校なら潔くテストの点だけで評価すればいいのに」と思わずつぶやいてしまった私。「確かにそうだけど、点数だけも嫌」と娘は言う。

何が嫌か、なぜ嫌か、どうすればいいか。「生きる力」の時代には抵抗の言葉も複雑にならざるを得ない。違和感を捨てず、単純さに逃げず、丁寧に言葉を探るしかない。

（二〇二〇年一二月一三日）

「男だろ」への違和感

「男だろ」「長男だから」。この冬はそんな言葉をよく聞いた。

「男だろ」は箱根駅伝で逆転優勝した大学の監督が選手に飛ばした檄《げき》であり、マスメディアが賛意を込めて報道した。「長男だから」は映画・原作漫画ともに記録的なヒットを飛ばした『鬼滅《きめつ》の刃《やいば》』で傷の痛みに耐えながら闘う主人公の言葉である。兄弟子の幽霊が「男なら」と主人公を鼓舞する場面もあった。

これらの言葉には、一部から「性役割を強調する古い価値観の押しつけだ」と疑問視する声が上がったものの「監督の持ち味であり、選手が受け入れているので、外野が批判することではない」「主人公は支配的ではないし、舞台は大正時代なのだから」などの意見も根強かった。もやもやしたものを感じつつ「感動に水を差すことになる」と沈黙した人もいたかもしれない。

「男だろ」「長男だから」は「身体の性別が男性」という事実を盾に人並み外れた力の発揮を要請する。しかし、男だから「何」だというのだろうか。「男だから能力や特権、責任がある」という言い方は、フェミニズムを経由し「男女共同参画」を謳う現代社会では受け入れられなくなっている。そうした状況でも、これらの言葉が受容されたのは「だから何」まで言わずに直前で止めたことで「何が何でもがんばれ」という理屈を超えた、いわば「火事場のばか力」を要請するマジックワードとなったためだろう。「男だから」の先にあるのが特権ではなく、苦難であったこともポイントだった。

断わっておくが、私は箱根駅伝の選手や「鬼滅」の主人公のがんばりの素晴らしさを疑わない。それに感動する人を否定するつもりもない。

だが、「男だろ」「長男だから」が肯定的に受け入れられる社会には問題を感じる。性の平等や多様性の観点に立てば「限界までがんばる」主体は女性であっても、性的マイノリティであってもよいはずだ。必然性がないのに「男」を強調すれば、たとえそのつもりはなくても男性中心主義の構造を支え、強化することになる。

スポーツの世界の男性中心主義は女性や性的マイノリティを排除し、暴力やハラスメントを生み出してきた。一般社会でも男性の身体を持つセクシュアルマイノリティでは、いじめ被害が多いことが指摘されている（日高庸晴『もっと知りたい！　話したい！　セクシュアルマイノリティ』汐文社、二〇一五年）。「男だろ」は「これだから女は」や「女の腐ったようなやつ」といった発想と表裏一体なのである。

「男だろ」「長男だから」を擁護する側は、しばしば「監督と選手の関係」「大正時代が舞台」など、その言葉が「発せられた文脈」を重視する。だが、本当に重要なのは、その言葉を「受け取った側が語り伝える文脈」である。個人的に好むのは勝手だが、マスメディアが称賛するのは不適切だし、職場などでその場にいる多様な属性の人を考慮することなく、賛美することも、時代に即さない配慮のない言動だとわきまえるべきだろう。「鬼滅」にハマる子どもたちには、傍らでつぶやきたい。「がんばるのはすごいけど、べつに男や長男とは関係ないよね」

（二〇二一年一月二四日）

「適応指導」は時代遅れ

「自分が自分である」ことが許されず、「指導」の名のもとに無理やり髪を染めさせられる。それが公然と認められることに「いつの時代の話か」とげんなりした。

大阪府立高校の元生徒が校則によって茶色い地毛の黒染めを強要され、不登校になったと訴えた裁判である。判決では、生徒が不登校になった後で学校名簿に名前を載せなかったなどの行為が違法とされたものの、頭髪を制限する校則や度重なる黒染め指導については「合理性」が認められた。

しかし、「ブラック校則をなくそう！」プロジェクトの調査によれば、一〇～五〇代の二〇〇〇人のうち生まれつき髪が「黒髪ストレート」ではない人は約四〇%、生まれつき茶髪で高校で「黒染め指導」を経験した人は約二〇%いた。決して少数派とはいえない人たちが、子ども時代に「自分である」ことを否定され、周囲と同じであるよう頭髪を指導されているのだ。

学校という場では、一般社会では到底許されない人権侵害が見過ごされる。一九八〇年代の管理教育批判がそのまま当てはまるような、子どもを権利の主体ではなく、大人に従う従属的な存在とみなす発想が連綿とある。

それを象徴するものの一つが、「適応指導」という言葉である。教育行政においてこの言葉は、外国人児童の日本社会への「適応指導」、不登校の児童生徒を学校復帰させる「適応指導教室（教育支援センター）」といった具合に今も使われている。

「適応指導」は、二重の意味で一方的である。まず、適応は「普通」とされる環境になじむために「異質」とされた個人が意識や行動を変化させることを指す。また、指導は「知っている」とされた側が「知らない」とされた側を教え、導くことをいう。

この言葉の歴史は古く、国会の議事録を検索すると、一九六〇年代から障害者や新卒・年少労働者などへの「職場適応指導」という言い方がなされている。その後、帰国子女や外国人の「生活適応指導」、高校中退や不登校などの問題を抱える生徒に対する学校への「適応指導」なども使われるようになった。そこでは「学校」「職場」「日本社会」といった集団は、当たり前に存在する無条件に良いものであり、変わる必要のないことが前提とされている。代わりに障害者、外国人、子どもといった存在は「自分である」ことを許されず、集団になじめるよう自らを変えなければならないとされるのだ。

だが、「普通」「成熟」とは、そもそも何か。グローバル化と価値の多様化が進み、異なる存在との共生が鍵となる現代では、「適応指導」という言葉はあまりにもふさわしくない。

むしろ、新しい時代に「適応」できていないのは、「学校」「職場」「日本社会」の方ではないのだろうか。個人を集団に同化させようとする「適応指導」的な発想は、そうした用語を公然と使う無自覚さも含めて、根底から見直したほうが方がいい。

冒頭の黒染め強要校則に戻ろう。「適応しない」「指導もされない」ことを貫き、裁判を戦った原告の姿勢は、個人ではなく、社会を変えようとするものだった。これを受け止め、人権侵害的な校則やそれが維持される土台を変えて行くのは、教育に関わる大人の責任である。

（二〇二一年二月二八日）

「生理の貧困」を考える

問題の解決に向けて動くには、まず「問題がある」と認識されなければならない。漠然と「変だな」と思っていても、それが「当たり前」とされていれば何も起こらない。違和感は「問題だ」と主張する人がいて、初めて「問題」となり「解決」への道も開かれる。

「生理の貧困」という「問題」がある。大学生ら若い女性による任意団体「#みんなの生理」は、生理用品への軽減税率の適用を求めた署名活動を行い、インターネット調査から学生の約二割に金銭的な理由で生理用品の入手に苦労した経験があることを明らかにした。問題提起は、コロナ禍における女性の貧困という文脈で政治に取り上げられた。生理用品の無償配布について、複数の自治体が実施に乗り出したほか、政府もそのための予算配分を決めた。

「#みんなの生理」の共同代表の一人である谷口歩実氏は、ＮＨＫのインタビューで「小学校のトイレにサニタリーボックスがなかった。生理のためにプールの授業を休んだら成績が下がってしまった」といった友人たちの体験を踏まえて、「社会の仕組みが生理があることを前提に作られていない」と語っている。

違和感を言葉にして、「問題」として社会に提起していく姿勢がそこにはある。

思えば、女性の身体の持ち主たちは、生理に関して二重の理不尽を抱えてきた。ひとつは生理用品の経済負担や社会の配慮のなさなど一次的な理不尽。もう一つは、それを「仕方がない」と思わされる二次的な理不尽だ。「生理の貧困」は、生理用品が高くて買えないということに加えて「恥」「私的なこと」として黙らされてしまう構造に対する問題提起だった。

そうした提起に対して、政治は比較的スピーディに応答しているように見える。背景には、＃ＭｅＴｏｏ運動以降のジェンダー平等に対する意識の高まりや、問題がわかりやすく、手を付けやすいことがあるだろう。

だが、慎重に見極めなければならない。生理というトピックをめぐるスピーディな応答は、「女性は生物学的に弱い存在だから対応すべきだ」という旧態依然とした女性観と齟《そ》齬《ご》がなかったから、成立した面はないだろうか。身体的な性差のレベルで「女性＝弱い」とみなすことは、結局、「男性にはわからないが、女性は大変らしいね」と生理を女性の問題として切り離し、女性や男性の内部にある多様性から目をそらすことに通じる。

谷口さんは、インタビューの中で「みんなの生理」というタイトルに込めた思いについて、問題を「生理のある人」だけに切り詰めるのではなく「自分のこととして一人でも多くの人に考えてほしい」と語っている。

では、自分のこととして考えるとは何か。谷口さんは続ける。「いま、社会のあらゆる制度は「毎日、元気な人」を前提に作られている」「でも、現実には、誰でもメンタルへルスや体調に多かれ少なかれ不調を抱えているはず」「生理に限ったことではありません。「毎日、元気じゃない人」が生きやすい社会になる方がいい」

必要なのは、自分の中にある弱さの可能性に目を凝らし、それを通じて弱さを抱えた他の存在と連帯していくことだろう。問題は提起された。どのようにそれを受け止めていくかが問われている。

（二〇二一年四月四日）

必要な能力、変わった？

教育について論じるとき、批判しにくい「きれいな言葉」に惑わされず、「実際のところどうか」を見極めることは重要である。例えば「これからの教育では知識を教え込むよりも、柔軟な問題発見・解決能力の育成が大切」という考え方がある。経済協力開発機構

（ＯＥＣＤ）の「キー・コンピテンシー（主要能力）」に象徴され、日本の学習指導要領にも影響を与えた考え方だ。

だが実際には、暗記や計算の正確さなど「従来の学力」は強く求められ続けており、その過酷さはむしろ増している。常用漢字は二〇一〇年代になって増加しており、現代の小学生は「汽」の字を二年生で習う。外国語活動の必修化を受けて英検の小学生受験者は急増しているが、そこで不可避なのは「英単語の暗記」である。

また、こうした旧来の「勉強」から逃れる余白も失われている。知識経済下での高学歴化は「勉強はイマイチだったが高卒で大企業の工場に就職」という生き方を前世代の伝説にしてしまった。安定雇用は大卒の学位と関連づけられ、若い世代はより長期間「勉強」せざるをえなくなっている。さらに「主体性」や「個性」が重視されるようになっても、それらを評価するのは容易ではない。実際には多くの教員が「主体性」を授業中の挙手の回数で、「個性」を部活やボランティア経験などで測っているのが現実ではないか。

現代の子どもは「従来の学力」と「新しい能力」を両方身に付けよ、というプレッシャーにさらされている。そこで求められるのは膨大な「基礎知識」を持ち、スポーツなど「何か一つでも打ち込んだもの」を持ち、クラスではきはきと発表し、留学で異文化交流を経験し……という「そんな何でもできる人はいないだろう」とつっこみたくなるものだ。そうした「能力」は、塾や留学の機会などを提供し得る家庭の文化的・経済的背景に大きく依存している。

それでも、異質な人と関わり主体的に行動する「キー・コンピテンシー」のような力は、現代社会を生きていくために、すでに求められてしまっている現実がある。では、どうすればいいのか。

「新しい能力」を個人が持つものではなく、関係性や環境にはらまれるものととらえていくことが極めて重要に思える。考えてみれば当然だが、他者との協働や主体的な学びは「できる子」と「できない子」がいるというより「その機会を提供されたか否か」が大きく関わっている。「(個人の)能力があるかどうか」ではなく、「(社会が)能力を発揮できる環境を提供したかどうか」へと、問いを転換する必要があるだろう。

実際にOECDは「エージェンシー」という概念を提唱し、生徒の主体性が教師やコミュニティなどとの関係性を通じて「つくられる」と強調している。「新しい能力」は、つきつめれば「(個人に宿る)能力」という概念自体を解体する革新性を含んでいるのだ。

教育をめぐっては、子どもの問題から出発していつの間にか大人が問われていることが多い。このコラムも「私たち大人の側の問題だ」として終わることが多かった。今回もその言葉で締めることになる。子どもがそうであるように、大人にも社会を変える無限の可能性があると信じたい。

(二〇二一年六月一三日)

足元から社会問題を考える

このコラムでは、教育やジェンダー、家族などに関する社会問題を取り上げてきた。八年半書かせていただいたがこれが最後となる。今回はこれまで何を書いてきたか振り返りたい。

私が執筆において意識してきたのは「自分の足元から社会問題を考える」ことだった。社会やニュースの中の出来事は自分とは無関係のように思われ、素通りしてしまいがちだ。だが実は、人びとの自己のあり方が社会問題を生み出す根の部分に影響している場合も多い。

例えば「いじめ」は被害者と加害者だけに関わるのではなく、傍観者にも深く関わる。傍観者は、いじめが起きていても止めに入らないことで、間接的に加害者を肯定してしまうからだ。「自分とは関係のないことだから」と見ぬふりをして通す「私」が、被害を継続させてしまっているかもしれない。そう考えれば「社会」の問題は「私」の問題でもある。

また「自分の足元から社会問題を考える」ことを意識したのは、「社会問題を自分とは切り離して大上段に語る」という態度と距離を取りたかったからでもある。社会に関心を持つことは、単に時事に関する知識を蓄えそれを利用することではない。

例を挙げよう。ロスジェネなど世代間の不平等や教育や雇用における格差を知ったとき、どうするか。「そうした事実が存在すること」を自分とは別次元の話として受け取るのであれば、「自分は奪われた側でなくてよかった」「自分の子どもや孫は有利な立場になってほしい」といった利己的な思考に流れがちになるだろう。

だが、そうではなく、「もし自分が奪われた側だったら」と想像し、自分の立場を顧みることができれば、「社会問題を考えること」は「他者と連帯すること」につながり得る。

この一年数カ月は、コロナ禍と重なることとなった。それは「自分の足元から社会問題を考える」ことを、すべての人が強いられた時期だったといえる。

これを執筆している現在、関西圏と東京は三度目の緊急事態宣言のさなかにある。一カ月後の未来が予測できず、いつになく強力な国家管理にさらされさまざまな情報が飛び交う中で、私たちは日々決断を迫られる。

休日に家でゲームばかりしている子どもを遊びに連れ出すべきか。病気の高齢の親に会いに行くかどうか。命をおびやかす感染症は人との接触によって広まるが、関係からの孤立や社会活動からの撤退もまた、生を危機にさらす。私たちは「足元」からこの正解のない問題を考えざるを得ない。

さらに、この危機を連帯の中で乗り越えようとするならば、個々の生活をよりよいものにしようとあがきながら、同時に、同じ社会で今まさに「問題」状況を生きている／生きさせられている存在を思い、その人びとのための社会的支出に合意していく必要がある。

思えば「のぼり棒」を登ることにも似ているかもしれない。地面には自分が生きる固有の日常が広がっている。そこに差し込まれた「問題＝棒」を登っていくと、視界が開け、それが自分ばかりでなく社会のさまざまな出来事や人びとを貫いていることが見える。不確かな時代にこそ、そんなふうに日常に根差した視点から、社会の出来事を受け止めていたい。

（二〇二一年五月九日）

おわりに

自分が日常のなかで感じているしんどさは、誰かのしんどさとつながっているかもしれない。

自分の状況を変えようとすることは、社会を変えることにつながっていくはずだ。

本書では、そんな思いを感じさせる出来事を多く取り上げてきた。「保育園落ちた」ブログは、子どもが保育園に入れないという働く親にとって極めて切実な出来事を、「保活の失敗」という個人の問題ではなく、国が責任を持って改善すべき待機児童問題だと位置づけた。「#ＭｅＴｏｏ」運動や伊藤詩織さんの主張は、性暴力被害を明らかにし被害者に連帯することで、最初に暴力をふるった加害者の告発に止まらず、被害を軽視し被害者の口をつぐませ「なかったこと」にしようとするこの社会を変えようとした。「生理の貧困」では、若い女性たちが自分の経験に基づいて生理用品の経済負担の解消や社会の理解を訴えていった。環境運動家のグレタさんは、地球温暖化への政府の取り組みに対して「学校に行かない」というたった一人の行動から抗議した。校則によって地毛の黒染めを強要された元高校生は、裁判を起こすことで「ありのままの自分でいる」ことが許されない学校のおかしさを社会に問うた。「私」からスタートした問題提起に対して、「私（たち）も」と呼応する声が上がったことも大きかった。

「私」の問題を「私たち」の問題として受け止め、社会の変化へとつなげていく。それは、フェミニズムが実践してきたことだ。

本書のタイトル「個人的なことは社会的なこと」は、第二波フェミニズムのスローガン「個人的なことは政治的なこと」からとった。第一波フェミニズムでは、女性参政権運動や社会主義思想に基づく女性解放運動など法的・経済的な不平等が主な関心事だったのに対し、第二波フェミニズムは、一九六〇年代の市民権運動や新左翼運動を背景として、性別役割分業や性・生殖など社会意識や慣習に根ざした不平等を問題化した。

「個人的なことは政治的なこと」という言葉は、女性が他の女性たちとつながることで、「こんなことで悩んでいるのは私だけではないか」「取るに足らないことではないか」と感じてきた日常のさまざまな事柄を、「私だけの問題ではない」「変えていくべき重大なこと」と再定義した。それは社会を変えようと働きかける運動であると同時に、「女だからこうでなければならない、こうしてはならない」とがんじがらめにされてきた自己を、似た経験を持つ仲間とのつながりのなかで言葉にすることで、みずから解放していく実践でもあった。

現代では、人びとのライフコースや社会集団が流動化し、共通の属性に基づく集団的アイデンティティを基盤とした活動や運動は困難な局面を迎えている。共通の利害関心が見出しにくいなか、新たな共同性の基盤をどのようにつくっていくかは、切実かつ難しい問いだ。そうしたなかで、「私」という個人から出発して「私たち」とつながり、その向こうに「社会の問題」を見据えていくという方向性は、ますます重要になっているように思う。

もちろん、一筋縄ではいかないし、一過性の盛り上がりを超えてどう持続するかなど課題も多い。だが忘れてはならないのは、「私」の持つもやもやとした違和感や、ついていけなさ、しんどさ、怒りなどのさまざまな思いは、取るに足らない些細なことでは決してなく、この社会に対する重要な批判精神の表れかもしれない、ということだ。その漠然とした思いが対話のなかで言葉になるとき、「私」が生きやすくなることと「社会」を変えていくこととを、連続線上に並べられるようになるのではないだろうか。

*

本書で触れたトピックのうち、「義務教育の段階における普通教育に相当する教育の機会の確保等に関する法律」（以下「教育機会確保法」）と女性政策、夫婦別姓について補足しておきたい。

二〇一六年に成立した教育機会確保法は、当初「フリースクール法案」「多様な教育機会確保法案」などと呼ばれ、不登校の子どもが学校ではなくフリースクールなど学校外の場で学び育つことが制度的に認められるようになるのではないかと関係者に期待された。本文でもそうした論調で書かれている。だが最終的には、「多様」の語が削除され、文部科学省が主導してきた既存の不登校対策の枠内に収まる中途半端なものとして成立した。

文部科学省の調査によれば、フリースクールの実態は、全体の八割で義務教育段階の子どもの在籍数は二〇名以下、四割が一～五名と小規模な施設が主体であり、利用費用は高額とならざるを得ず、スタッフの雇用は不安定でボランティアへの依存度が大きい（『小・中学校に通っていない義務教育段階の子供が通う民間の団体・施設に関する調査』二〇一五年）。コロナ禍で活動が制限されるなか、多くの学校外の居場所が存続の危機に立たされているが、法律の施行後もそうした場への制度的支援は存在せず、そこで学び育つ子どもの権利は十分に守られていない現状がある。

女性政策では、第二次安倍政権は成長戦略のひとつに「女性活躍」を位置づけ、二〇一五年には女性活躍推進法を成立させた。しかし、女性の雇用者数は二〇一三年から二〇一九年までに三〇七万人増えたものの、その約五七％は非正規雇用であった。二〇二〇年までに指導的地位における女性を三割に増やすという政府目標が掲げられたが、実際には一五％にも届かず達成されなかった。本文で触れている「国民の希望が叶った場合の出生率一・八」も、達成されないどころか二〇二〇年には一・三四で、コロナの影響もあるとはいえ、一・四六であった二〇一五年当時より下がってしまった。

家族は多様化し、結婚せず家族をつくらない人も増えている。だが与党の保守派は、驚くべき不寛容さで「家族の絆や一体感」「日本の伝統」という観点から夫婦同姓を支持し続けている。司法も追随しており、国連の女子差別撤廃委員会の再三の勧告にもかかわらず、事実婚夫婦らが夫婦別姓を認めない現行民法が違憲であると訴えた裁判では、二〇一五年と二〇二一年ともに最高裁で合憲の判決が出た。連載時には「司法の判断に期待したい」と書いたが、期待は裏切られたことになる。

*

個人的な変化にも触れておきたい。本書のもとになる連載が行われていたのは私の三四歳から四三歳の時期に当たる。二歳と〇歳六ヶ月の子を育てる新米の大学教員だった私は、一一歳、九歳、新たに生まれた二歳の母親となり「若手」と言われることもなくなった。仕事と子育てに文字通り忙殺される生活のなかで、遠隔地でのフィールドワークのような仕事はあきらめざるを得ず歯噛みしたことも少なくなかったが、子どもや学生との関わりは、ことさらに遠くへ行かなくても、身近な日常もまた豊かなフィールドとなりうることを教えてくれた。

二〇一四年から二〇一六年にかけては、思い切って夫と子どもたちを連れてオーストラリアのアデレード大学に留学した。町外れの、庭のユーカリの木に野生のコアラが来る築七〇年の古い借家に暮らし、幼稚園や小学校に持っていく「フルーツと、おやつと、お昼ごはん」という一日につき三回分の弁当を用意していた。単身であれば研究に没頭できただろうが、生活圏は大学周辺に限られていたことだろう。オーストラリアで子育てをした経験は、子どもを通じた家族ぐるみの交友関係を広げてくれ、日本における教育や仕事、子育ての状況を改めて見直す機会となった。

大阪で月に一回細ぼそとやっている「生きづらさからの当事者研究会」は、この間もずっと続け、関わりは今年で一〇年となった。参加者たちは、ひきこもりや無業、メンタル不調などさまざまな問題を抱えながらも、集まって対話しながら自己を見つめなおし、その向こうに自分を生きづらくしているこの社会の構造を見定めようとする。まさに「個人的なことは社会的なこと」を実践しているように思えるそうした姿勢から学ぶものは多い。

＊

最後に、長きにわたって自由に書かせてくださった東京新聞に感謝する。記事を読んでお手紙を下さったり、講演に呼んで下さった読者の皆さまからは、いつも書くエネルギーをいただいていた。今回一冊の本となり、新しい読者にお手にとっていただけることは望外の喜びである。ここに至るまで支えていただいたすべての皆様に、この場を借りてお礼を申し上げたい。

二〇二一年八月

貴戸理恵

［著者］貴戸理恵（きど・りえ）
1978年生まれ。関西学院大学准教授。「生きづらさからの当事者研究会」コーディネーター。専門は社会学、「不登校の〈その後〉研究」。アデレード大学アジア研究学部博士課程修了（Ph.D）。著書に『不登校は終わらない――「選択」の物語から〈当事者〉の語りへ』（新曜社）、『女子読みのススメ』（岩波ジュニア新書）、『平成史 完全版』（共著、河出書房新社）、『「コミュ障」の社会学』（青土社）、『多様性との対話――ダイバーシティ推進が見えなくするもの』（共著、青弓社）など。

個人的なことは社会的なこと

2021年9月10日　第1刷印刷
2021年9月30日　第1刷発行

著者――貴戸理恵

発行者――清水一人
発行所――青土社

〒101-0051　東京都千代田区神田神保町1-29　市瀬ビル
［電話］03-3291-9831（編集）03-3294-7829（営業）
［振替］00190-7-192955

組版――フレックスアート
印刷・製本――双文社印刷

装幀――山田和寛（nipponia）

ISBN978-4-7917-7413-5　C0036